271133

Schervier . *Einfach leben*
Schervier . *Living Simply*

Frances Schervier

Living Simply

Selected Texts from the Writings of Blessed
Frances Schervier of Aachen, 1819—1876

Compiled by
Sister Anna Theresia Beckers, S.P.S.F. and
Sister Jeanne M. Glisky, S.F.P.

Franziska Schervier

Einfach leben

Ausgewählte Texte aus Handschriften der seligen
Franziska Schervier von Aachen, 1819—1876

Zusammengestellt von
Schwester Anna Theresia Beckers v. hl. Frz. und
Schwester Jeanne M. Glisky, SFP

Johannes-Verlag Leutesdorf

Published through the Sponsorship of
Armen-Schwestern vom heiligen Franziskus, Aachen and
The Franciscan Sisters of the Poor,
Brooklyn, New York

Translated into English by
Sister Jeanne M. Glisky, S.F.P.

Herausgegeben von den
Armen-Schwestern vom heiligen Franziskus, Aachen und
Franciscan Sisters of the Poor, Brooklyn/New York
Erste Auflage 1980
© by Johannes-Verlag Leutesdorf, Germany
Mit kirchlicher Druckerlaubnis
Übersetzt ins Englische von Schwester Jeanne M. Glisky, SFP
Gesamtherstellung: Druckerei des Johannesbundes e.V.
D-5451 Leutesdorf am Rhein
ISBN 3-7794-0773-6

Contents

To the Reader 8
Foreword 12

I. Vertical Dimension

God, the Center of Life 24
To Follow in the Steps of Jesus —
Consequences of the Evangelical Counsels . . 30
Life Strengthened by Faith 42
The Suffering of the Cross 52
Prayer,
the Source of Knowledge and Peace 60
Living Trust 68
Love and Faithfulness to the Church 76

II. Horizontal Dimension

God in Your Neighbor 82
Love, Basis of the Common Life 90
Vigilance and Readiness 102
Relationship to Work 112
On the Value of Time 116
Realities of Life 120
The Right to Internal and External Freedom   126
Chronology 134
Sources 138
Photograph Acknowledgements 140
Information on Excerpts 142

Inhaltsverzeichnis

Zu dieser Ausgabe 9
Vorwort 13

I. *Vertikale Dimension*

Gott, die Mitte des Lebens 25
Nachfolge,
Konsequenz evangelischer Räte 31
Leben aus der Kraft des Glaubens . . . 43
Erleiden des Kreuzes 53
Gebet,
Quelle der Erkenntnis und des Friedens . . 61
Gelebtes Vertrauen 69
Liebe und Treue zur Kirche 77

II. *Horizontale Dimension*

Gott im Nächsten 83
Liebe, Fundament gemeinsamen Lebens . . 91
Wachsamkeit und Bereitschaft 103
Verhältnis zur Arbeit 113
Vom Wert der Zeit 117
Realitäten des Lebens 121
Anspruch auf innere und äußere Freiheit . . 127
Zeittafel 135
Quellennachweis 139
Bildnachweis 141
Nachweis der Textstellen 143

To the Reader

With this little book, *Living Simply*, we present a German-English edition of the thoughts of Blessed Frances Schervier of Aachen, after having carefully studied the sources available in the archives for their spiritual values. These sources, such as handwritten letters, instructions, notes, etc., contain mainly practical instructions for daily life, as well as many spiritual suggestions. Also included are the valuable statements of the first biographer of Blessed Frances Schervier, Father Ignatius Jeiler, O.F.M.

The spiritual thoughts which we have selected give an idea of the inner driving force which was living in Frances Schervier when she founded her Congregation and did her work. The reflection on her original spirit is at the same time a guiding light for the future of our Communities. This reflection corresponds to what Pope John Paul II expressed in one of his addresses to the religious when he said that there is one very important way to follow the call of the Lord by giving witness of sincere faithfulness to the special charism of the founder.[1] Likewise, it answers the wish of Vatican Council II that we return to the sources of all Christian life and to the spirit of our origin.[2]

Zu dieser Ausgabe

Mit dem Büchlein „Einfach leben" legen wir eine deutsch-englische Ausgabe von Gedanken der seligen Franziska Schervier von Aachen vor, nachdem wir die sich in den Archiven befindenden Quellen sorgfältig auf ihre spirituellen Elemente durchgesehen haben. Diese Quellen, wie handschriftliche Briefe, Unterrichte, Notizen und dergleichen, enthalten hauptsächlich praktische Weisungen für das tägliche Leben, aber auch manche geistige Anregung. Hinzu kommen die wertvollen Aussagen des ersten Biographen der seligen Franziska Schervier, des Franziskaners P. Ignatius Jeiler.

Die hier ausgewählten spirituellen Gedanken vermitteln uns einen Eindruck von den inneren Triebkräften, die in Franziska Schervier bei ihrer Gründung und ihrem Werk lebendig waren. Die Rückbesinnung auf ihren ursprünglichen Geist ist zugleich richtungweisend für die Zukunft unserer Gemeinschaften. Diese Rückbesinnung entspricht dem, was Papst Johannes Paul II. in einer seiner Ansprachen an die Ordensleute sagt, daß es nämlich eine wichtige Art gebe, dem Ruf des Herrn zu folgen durch das Zeugnis aufrichtiger Treue zum speziellen Charisma des Gründers[1]. Ebenso kommt es dem Wunsch des Zweiten Vatikanischen Konzils entgegen, zu den Quellen jedes christlichen Lebens und zum Geist des Ursprungs zurückzukehren[2].

We hope that the spirit of our foundress through the selected thoughts presented here, will be renewed in our Communities and carried forth into the Church and the world.

Aachen, Pentecost, 1980.

> Schwester Anna Theresia Beckers, S.P.S.F.
> Sister Jeanne M. Glisky, S.F.P.

---

1 Pope Paul II, "Address to Women Religious," Rome, November 10, 1978.
2 Perfectae Caritatis, Art. 2, October 28, 1965.

Wir hoffen, daß sich der Geist unserer Gründerin durch die hier ausgewählten Gedanken in unseren Gemeinschaften verlebendige und hinausgetragen werde in Kirche und Welt.

Aachen, Pfingsten 1980

>Schwester Anna Theresia Beckers, v. hl. Frz.
>Sister Jeanne M. Glisky, SFP

---

1 Vgl. Papst Johannes Paul II., Ansprache an die Ordensfrauen von Rom, 10. November 1978.
2 Vgl. „Perfectae Caritatis", Art. 2, vom 28. Oktober 1965.

Foreword

In this modest little book, Mother Frances Schervier of Aachen, who was beatified six years ago by Pope Paul VI, speaks to us. Penetrating and characteristic statements have been selected from among her notes and letters, which illuminate her character und life's work. They testify to the depth of emotion in her soul and her commitment to the work to which she felt God had called her. She speaks as a Religious, who in imitation of Christ, chose the path of firm commitment through religious vows, and followed it bravely despite all internal and external difficulties.

Here is not the place to recount her life. Rather, her commitment to God, which emanates from her words, should stimulate our reflection. Therefore, let us consider some points before proceeding.

It is difficult to penetrate the mystery of a truly religious person. We can only guess what happens in his soul when God's light touches and awakens him. If we consider the depth of the human soul unfathomable, then how much more unfathomable is God, of whom man is only an image und likeness. Our age concerns itself primarily with what is measurable and computable; mysteries, however, defy such an attempt. Therefore, one can easily

Vorwort

In diesem bescheidenen Büchlein spricht Mutter Franziska Schervier aus Aachen, die vor sechs Jahren von Papst Paul VI. seliggesprochen wurde, zu uns. Aus ihren Aufzeichnungen und Briefen sind eindringliche und markante Äußerungen ausgewählt worden, die ihren Charakter und ihr Lebenswerk erhellen. Sie zeugen von der tiefen Ergriffenheit ihrer Seele und dem Engagement in dem Werk, zu dem sie sich von Gott berufen wußte. Sie spricht als Ordensfrau, die in der Nachfolge Christi den Weg der festen Bindung durch die Ordensgelübde gewählt und ihn trotz aller inneren und äußeren Schwierigkeiten tapfer gegangen ist.

Es ist hier nicht der Ort, noch einmal ihren Lebensweg nachzuzeichnen. Vielmehr soll uns die aus ihren Worten sprechende Bindung an Gott zum Nachdenken anregen. Einige Gedanken seien darum vorausgeschickt.

Es ist schwer, das Geheimnis des wahrhaft religiösen Menschen zu ergründen. Wir ahnen nur, was in seiner Seele vor sich geht, wenn Gottes Strahl ihn berührt und erweckt. Ist die Tiefe der Menschenseele schon unergründlich, so erst recht Gott, von dem der Mensch nur ein Bild und Gleichnis ist. In unserem Zeitalter des späten 20. Jahrhunderts ist der Zugang noch mehr erschwert. Im Vordergrund des Zeitbewußtseins steht das, was meßbar und

explain them as being products of the imagination which no reality can approach.

But, danger threatens from another side. To a high degree, man has become able to control many manifestations in life. Through this, possibilities of manipulation increase. We meet it in the addiction of many people to drugs which threatens to lead them into a realm of visionary images. But, we also meet this in the possibility of influencing the primitive cells of life, and thereby of taking a hand in the development of the personality. Both dangers are horrific because they darken the picture of the religious person.

Is God only a dream, or delusion? Is religious awakening only an abnormal occurrence, a disturbance of mental balance? Today, intensely powerful spiritual vision is necessary to recognize the transcendental which truly penetrates into the religious beyond, and to become conscious of its reality. Our concepts are in danger of vanishing. And yet, there is a terrific longing in the world. What is measurable is not enough to fulfill and satisfy man. The answer to these last questions cannot be found in anything which can be manufactured and manipulated. Still less is there an answer to suffering and guilt in the life of man. We feel the plight burdening man with suffering and evil. We must not close our eyes to it. We, the

zählbar ist. Geheimnisse aber entziehen sich diesem Bestreben. Deshalb erklärt man sie leicht als Phantasiegebilde, denen keine Realität zukomme.

Noch von einer anderen Seite her droht Gefahr. In einem hohen Maße ist dem Menschen die Beherrschbarkeit vieler Erscheinungen des Lebens möglich geworden. Damit wächst die Möglichkeit des Manipulierens. Sie begegnet uns in der Verfallenheit vieler Menschen an die Drogen, die in ein Reich phantastischer Bilder zu entführen drohen. Sie begegnet uns aber auch in der Möglichkeit, Einfluß auf die Urzellen des Lebens zu nehmen und so das Werden der Persönlichkeit in den Griff zu bekommen. Beide Gefahren sind deshalb so unheimlich, weil sie das Bild des religiösen Menschen verdunkeln.

Ist Gott nur eine Traum- oder Wahnvorstellung? Ist religiöse Erweckung nur ein abnormer Vorgang, eine Störung des seelischen Gleichgewichts? Es gehört heute schon eine intensive Kraft geistigen Sehens dazu, das wahrhaft Transzendentale, ins Jenseits Greifende der Religion zu erkennen und seiner Realität innezuwerden. Unsere Begriffe sind in der Gefahr, sich zu verflüchtigen. Doch durchzieht eine ungeheure Sehnsucht die Welt. Das Meßbare allein kann den Menschen nicht erfüllen und befriedigen. Das Mach- und Manipulierbare gibt keine Antwort auf die letzten Fragen. Erst recht nicht gibt es auf diese Weise eine Antwort auf Leid und Schuld im Leben des Menschen. Wir spüren die Not, die dem Menschen mit dem Leid und mit der Bosheit aufgebürdet ist. Wir dürfen unsere Augen

whole of mankind, are one community of destiny which no one has the right to creep away from.

The answer, which we as Christians must venture, comes from faith. It prepares a way, a difficult way. But, it does not open to us an easy escape route by putting us in paradise, while the wicked world submits to its fate. Jesus did not take his disciples and apostles from this world, but sent them into the world. The power of grace is demonstrated in that; he who has received it, the believing person, has the courage to set foot on and to walk the way of the Lord. Whoever truly reflects deeply on the meaning of life will discover the mysterious point where the person rises out of himself and becomes one with God. The wise men of the Middle Ages called it the spark of the soul which was planted in the person by God, or the point by which he touches divine reality. When we talk about the vocation of religious people, we are in fact talking about this spark.

It may perhaps appear far-fetched to talk in this way about man and his faith; and yet, it leads us quite directly to the essence of this little book. In it, Mother Frances Schervier of Aachen, who was beatified in 1974, speaks to us. We could ask whether a voice from a time over a hundred years ago still has anything to say to us? If we answer this question in the affirmative, then we do so for

davor nicht verschließen. Wir sind in der ganzen Menschheit eine Schicksalsgemeinschaft, aus der keiner das Recht hat, sich wegzustehlen.

Die Antwort, die wir als Christen wagen müssen, kommt aus dem Glauben. Er bereitet einen Weg, einen mühsamen Weg. Er eröffnet uns aber nicht einen leichten Fluchtweg, indem er uns etwa in ein Paradies versetzt, indes die böse Welt ihrem Schicksal anheimgegeben wird. Jesus hat seine Jünger und Apostel nicht aus dieser Welt weggenommen, sondern sie in die Welt gesandt. Darin zeigt sich die Kraft der Gnade, daß der von ihr Erfaßte, daß der gläubige Mensch den Mut hat, den Weg des Herrn zu betreten und zu gehen. Wer wahrhaft über den Sinn des Lebens und in der Tiefe nachdenkt, der wird den geheimnisvollen Bezugspunkt entdecken, wo der Mensch über sich hinauswächst und mit Gott eins wird. Die Weisen des Mittelalters nannten es den Seelenfunken, der von Gott in den Menschen hineingelegt ist, oder die Spitze, mit der er die göttliche Wirklichkeit berührt. Um diesen Funken geht es, wenn wir von der Berufung des religiösen Menschen sprechen.

Es mag vielleicht weit hergeholt erscheinen, wenn wir so über den Menschen und seinen Glauben nachdenken, und doch führt uns das ganz konkret zu dem Anliegen des vorliegenden Büchleins. In ihm spricht die 1974 seliggesprochene Mutter Franziska Schervier von Aachen zu uns. Wir könnten fragen, hat eine Stimme aus einer Zeit, die bereits über ein Jahrhundert zurückliegt, noch etwas zu sagen?

Frances Schervier understood that God's love appeared in Jesus Christ. Her whole life is nothing other than the love with which she returns God's own love.

Josef Dreissen,
D. Theol., Professor, Aachen

Franziska Schervier hat begriffen, daß in Jesus Christus die Liebe Gottes erschienen ist. Ihr ganzes Leben ist nichts anderes als ihre Gegenliebe auf die Liebe Gottes.

Josef Dreißen
Dr. theol., Professor, Aachen

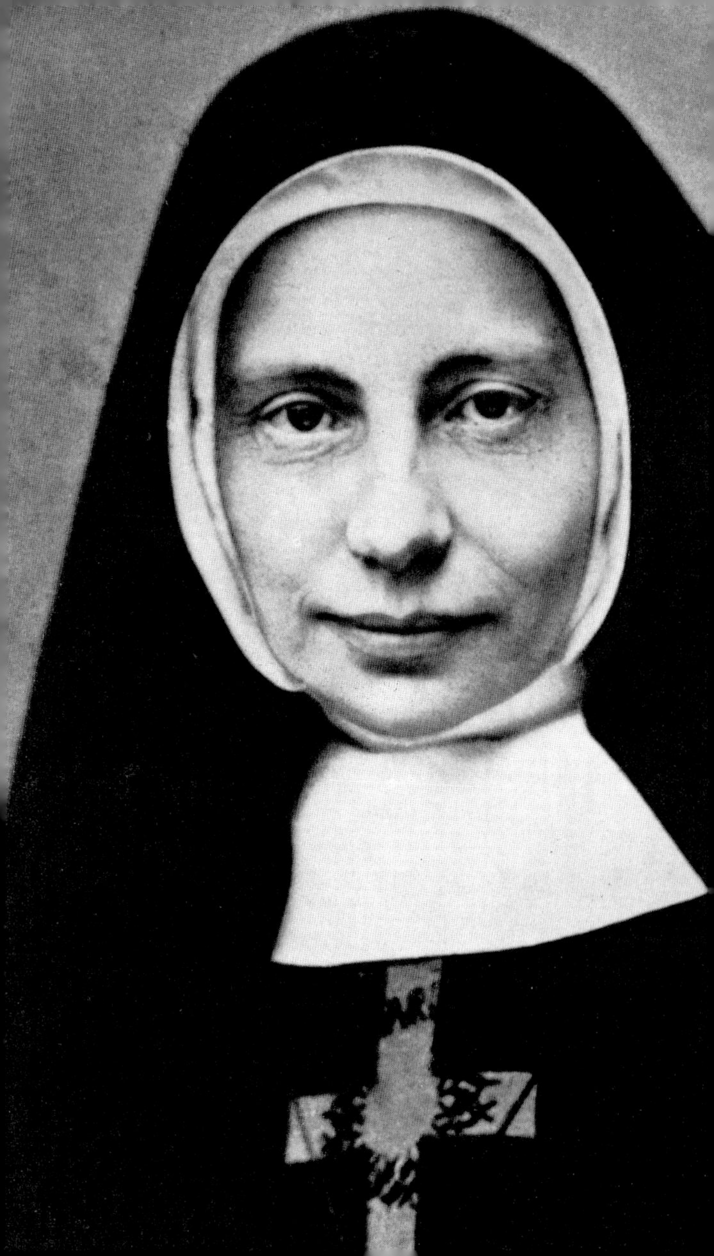

different reasons. First, I would like to name the religious vocation from which her work originated, and out of which she has expressed herself in numerous letters and opinions. But, the seemingly childlike soul of Frances was touched by a ray of divine love which found an individual response in the active love of the poor. This original experience had a double aspect — one facing God, and the other facing those who had to bear suffering. From this followed an unbroken devotion to God, and an inexhaustible concern for her neighbors.

Frances Schervier was always in great awe of this original experience. What fascinates us today about all this is the constancy with which she held it fast, and carried it over practically into her life. The character, who answered the divine call, was tempered and prepared for anything. Idealism on the one side, and sober reality on the other, provide the basis for the unfolding of her personality. That secures her position in the history of nineteenth century Catholicism, particularly in Germany.

She does not proclaim any great programs or revolutionary manifestos. She is not endowed with the gift of great, effusive words which sometimes characterize the saints too. The attraction of the words collected here for our time lies in their simplicity, which bears the seal of a lived life and a fulfilled

Wenn wir diese Frage bejahend beantworten, dann hat es verschiedene Gründe. Als ersten möchte ich die religiöse Berufung nennen, aus der heraus ihr Werk entstanden ist, und aus der heraus sie sich in zahlreichen Briefen und Stellungnahmen geäußert hat. Die scheinbar noch kindliche Seele der Franziska wurde von einem Strahl göttlicher Liebe berührt, der eine eigenwillige Antwort in der tätigen Liebe für die Armen fand. Dieses Grunderlebnis hatte ein doppeltes Gesicht — die Hinwendung zu Gott und die Hinwendung zu denen, die Leid zu tragen hatten. Daraus folgte eine ungebrochene gläubige Hingabe an Gott und eine unerschöpfliche Hinwendung zu den Mitmenschen.

Franziska Schervier hat immer eine heilige Scheu über dieses Grunderlebnis bewahrt. Was uns heute noch daran fasziniert, ist die Stetigkeit, mit der es festgehalten und praktisch ins Leben übersetzt worden ist. Ein gehärteter, zu allem bereiter Charakter gab auf die göttliche Anforderung die Antwort. Idealismus auf der einen Seite, nüchterner Realismus auf der anderen Seite bilden die Grundlage der Entfaltung ihrer Persönlichkeit. Das bestimmt ihre Stellung in der Geschichte des Katholizismus des 19. Jahrhunderts, besonders in Deutschland.

Es sind nicht große Programme oder revolutionäre Manifeste, die sie verkündet. Ihr ist nicht die Gabe großer, schwungvoller Worte gegeben, die mitunter auch die Heiligen auszeichnen. Was den Reiz der hier gesammelten Worte für unsere Zeit ausmacht, ist ihre Schlichtheit, die aber das Siegel des gelebten

challenge. She uses a language which is imbued by the religious jargon of the time, her catechism, and her prayer books. However, through her personality, they are raised up and shine like precious jewels. And these are genuine, not imitation jewels. Or, to use another image, it is like simple, wholesome bread that one needs daily, and on which one can live healthily.

So, this little book will be a valuable traveling companion, a "vade-mecum", at a time of irreverent, as well as religious confusion. One would like to have readers who will meditate on the words and apply them.

If the confusion and suffering of the world were the social components for Mother Frances' work, in the same way, the world of love is the Christian component which creates order because it appeals to the conscience which each individual has to follow. The religious question in the materialistic world is far from being suffocated. On the contrary, because man is able to do so much today, he increasingly comes up against his limits. How will it look in the future? Is Mother Frances not one of the figures who hold up a light in the darkness? It is not great words, but rather, simple deeds carried out in faith and love that provide a basis of hope for the future.

Erich Stephany

Aachen, Pentecost, 1980

Lebens und der erfüllten Forderung an sich tragen. Sie bedient sich einer Sprache, die von der religiösen Umgangssprache ihrer Zeit, ihres Katechismus, ihrer Gebetbücher geprägt ist. Sie sind aber dennoch durch ihre Persönlichkeit wie herausgehoben und entfalten einen Glanz wie von Edelsteinen. Und es sind echte Edelsteine, keine Imitationen. Oder um ein anderes Bild zu gebrauchen, es ist wie gesundes einfaches Brot, das man täglich braucht, und von dem man gesund leben kann.

So wird das kleine Büchlein ein kostbarer Wegbegleiter, ein Vade-mecum in einer Zeit heilloser, auch religiöser Verwirrung. Man möchte ihm Leser wünschen, die die Worte meditieren und auf sich anwenden.

Wenn die Unordnung und das Leid der Welt die soziale Komponente für das Wirken der Mutter Franziska war, so ist die Welt der Liebe die christliche Komponente, die Ordnung schafft, weil sie sich an das Gewissen wendet, dem der einzelne zu folgen hat.

Die religiöse Frage ist in der Welt des Materialismus noch lange nicht erstickt. Im Gegenteil. Weil dem Menschen heute so viel möglich ist, stößt er in zunehmendem Maße an seine Grenzen. Wie geht es weiter? Ist nicht Mutter Franziska eine von den Gestalten, die in der Finsternis ein Licht emporhalten? Nicht die großen Worte, sondern die schlichten Taten, die in Glaube und Liebe geschehen, begründen eine Hoffnung für die Zukunft.

Aachen, Pfingsten 1980   Erich Stephany

Vertical Dimension

God, the Center of Life

May the thought of God never die in your heart.

Love him with all your heart, this God more worthy of love than anything else, and his Son who was crucified for us poor sinners. May the thought of God never die in your heart.

From the "Testament" of Blessed Frances Schervier

Our happiness and dignity lie in our dependence upon God. Nothing can harm us and get in our way if we have the right relationship with him.

To Sister Alphonsa Burchard in Cincinnati,
Ohio, on the Feast of St. Francis Xavier, 1861

Oh, great God, how can we render even partial thanks to you for everything that you do for us? We must finally begin to follow you in true faithfulness.

To Sister Dominica Besener in Cincinnati,
May 2, 1864

Vertikale Dimension

Gott, die Mitte des Lebens

> Nie erlösche der Gedanke
> an Gott in euren Herzen.

Liebt ihn von ganzem Herzen, diesen über alles liebenswürdigen Gott und seinen Sohn, der für uns arme Sünder gekreuzigt worden ist.
Nie erlösche der Gedanke an Gott in euren Herzen.

Aus dem Vermächtnis
der seligen Franziska Schervier

Unser Glück und unsere Würde bestehen in unserer Abhängigkeit von Gott. Nichts kann uns schaden und hinderlich sein, wenn wir uns im rechten Verhältnis zu ihm befinden.

An Schwester Alphonsa Burchard in Cincinnati/Ohio
Am Fest des heiligen Franz Xaver, 1861

Großer Gott, wie können wir dir nur einigermaßen unseren armen Dank abstatten für alles, was du an uns tust? Wir müssen endlich beginnen, dir in rechter Treue nachzufolgen.

An Schwester Dominica Besener in Cincinnati
vom 2. Mai 1864

I know where the holy love of God has made its home and there only a few more words are called for.

To Empress Augusta in Berlin,
September 1, 1875

Do not be afraid! The Lord is true in all his words and holy in all his works. He will pour out his blessing upon you and your activities.
He will be your help, comfort, savior, and eternal reward.

From the "Testament" of Blessed Frances Schervier

May the Lord help us so that we too can rise to a new life. May he help us cast off all ties which bind us to earthly things, to creatures, and to ourselves. Then we can live and work for him unhindered.

To Sister Dominica Besener in Cincinnati,
Easter Octave, 1864

Christ ist our example, life, the strength and inspiration of our soul.

To Bishop Theodor Laurent in Aachen,
October, 1845

The rich fruits that fall to a person's lot through the Incarnation of the Eternal Word result in peace and blessings in abundance.

To Sister Alphonsa Burchard in Cincinnati,
January 14, 1872

Ich weiß, wo heilige Gottesliebe ihren Sitz aufgeschlagen hat, dort bedarf es nicht mehr vieler Worte.

An Kaiserin Augusta in Berlin
vom 1. September 1875

Fürchtet euch nicht! Der Herr ist treu in all seinen Worten und heilig in all seinen Werken. Er wird über euch und euer Tun seinen Segen ausgießen.
Er wird eure Hilfe, euer Trost, euer Erlöser und eure ewige Belohnung sein.

Aus dem Vermächtnis
der seligen Franziska Schervier

Der Herr wolle uns helfen, daß auch wir zu einem neuen Leben auferstehen. Er wolle uns helfen, daß wir alle Bande abstreifen, die uns an das Irdische fesseln, an die Geschöpfe und an uns selbst. Dann können wir ungehindert für ihn leben und wirken.

An Schwester Dominica Besener in Cincinnati
Oster-Oktav 1864

Christus ist unser Vorbild, unser Leben, die Kraft und Begeisterung unserer Seele.

An Bischof Theodor Laurent in Aachen
Oktober 1845

Die reichen Früchte, die uns durch die Menschwerdung des ewigen Wortes zuteil werden, bewirken Frieden und Segen im Überfluß.

An Schwester Alphonsa Burchard in Cincinnati
vom 14. Januar 1872

The Holy Spirit is the spirit of peace, but the evil spirit causes confusion and unrest.

To Sister Alphonsa Burchard in Cincinnati,
March 2, 1869

May the Spirit of the Lord permeate and fill you so that he may shine forth from all your words and through your entire being. This contributes to the greater glorification of God as well as to the edification of your entire environment.

Wherever this Spirit of God has made his home in the heart of man, there he also will make himself outwardly known. He will become a great blessing for all who associate with such a person.

To Sister Vincentia Maubach in Cincinnati,
July 10, 1876

God, our Lord, does not bear a grudge like people do.

To Sister Gereona Wiens,
May 23, 1872

Der Heilige Geist ist der Geist des Friedens, der böse Geist aber verursacht Verwirrung und Unruhe.
An Schwester Alphonsa Burchard in Cincinnati
vom 2. März 1869

Möge der Geist des Herrn dich durchdringen und erfüllen, so daß er aus all deinen Worten und aus deinem ganzen Wesen hervorleuchte. Dies gereicht zur größeren Verherrlichung Gottes wie auch zur Erbauung deiner ganzen Umgebung.
Wo dieser Geist Gottes im Herzen des Menschen Wohnung aufgeschlagen hat, da gibt er sich auch nach außen kund. Er wird zum großen Segen für alle, die mit einem solchen Menschen verkehren.
An Schwester Vincentia Maubach in Cincinnati
vom 10. Juli 1876

Gott, unser Herr, hält Böses nicht in der Weise der Menschen nach.
An Schwester Gereona Wiens
vom 23. Mai 1872

To Follow in the Steps of Jesus – Consequences of the Evangelical Counsels

> The calling to religious life
> is more than a devout feeling.*

The vocation to religious life is a great grace, but it can be lost if we are not careful to be humble.

Great resoluteness is necessary to maintain and keep one's vocation. Whoever God calls in his grace will be greatly tempted to be distracted from the proper goal. The Lord will ask each person who doubts and wavers as he once asked his disciples: "Do you want to go too?" He who, after much heart searching, does not arrive at a decisive, "no", but continues to waver, will gradually lose his vocation through continual unfaithfullness without realizing it.

To perseveres one needs a faith, a devotion, and a love like Peter had. We want to join with him and say with all our hearts: "Lord, who shall we go to? You have the words of eternal life."

Circular Letter on the Fourth Sunday
of Lent, 1862

---

* From a letter to Sister Aloysia Grossmann, undated.

Nachfolge
Konsequenz evangelischer Räte

> Berufung ist mehr als eine fromme Empfindung*.

Die Berufung zum Ordensstand ist eine große Gnade, aber sie kann verlorengehen, wenn wir nicht in Demut wachsam sind.
Zur Erhaltung und Bewahrung des Berufes ist große Entschiedenheit notwendig. Wen Gott mit seiner Gnade an sich zieht, den werden auch Versuchungen befallen, sich vom rechten Ziel zu entfernen. Der Herr wird jeden, der zweifelt und schwankt, fragen, wie er einst seine Jünger gefragt hat: „Willst auch du gehen?" Wer sich dann nicht zu einem entschiedenen „Nein" durchringt, sondern fortfährt zu schwanken, der wird durch ständige Untreuen allmählich — ohne es selbst zu wissen — den Beruf verlieren.
Zum Ausharren bedarf es eines Glaubens, einer Hingabe und einer Liebe, wie Petrus sie hatte. Wir wollen mit ihm aus ganzem Herzen sagen: „Herr, zu wem sollen wir gehen? Du hast Worte des ewigen Lebens."
Rundschreiben vom 4. Fastensonntag 1862

*Aus einem Brief an Schwester Aloysia Großmann, undatiert.

What would be the point of living a religious life if we did not strive to fulfill his obligations faithfully, enthusiastically, and conscientiously.
Instruction on Religious Life

When you have once recognized your vocation, then you must resolutely follow God's call and dedicate yourself to his service with perseverance, determination, and great faithfulness.
Instruction for Investiture

An inclination and good will are not sufficient for a contemplative life. A special vocation must be present, namely, God's calling to such a way of life.
To Postulant Antonia Brückner,
November 13, 1876

We must be most grateful to the Lord for calling us to his service. Let us, therefore, strive to serve him whole-heartedly, eagerly, and faithfully.
To Sister Hortulana Mentzen in Covington,
Kentucky, February 9, 1875

Let us quite simply follow in the footsteps of Jesus Christ, and take particular care not to look back unnecessarily.
To Sister Alphonsa Burchard in Cincinnati,
on All Souls' Day, 1875

Was würde es nützen, im Ordensstand zu leben, wenn wir uns nicht bestrebten, seinen Verpflichtungen treu, eifrig und gewissenhaft nachzukommen.
Unterricht über den Ordensstand

Habt ihr einmal eure Berufung erkannt, dann heißt es, entschlossen dem Ruf Gottes zu folgen und sich mit Beharrlichkeit, Entschiedenheit und mit großer Treue seinem Dienst zu widmen.
Unterricht zur Einkleidung

Neigung und guter Wille allein reichen zu einem kontemplativen Leben nicht aus. Es muß eine ganz besondere Berufung dazu vorhanden sein, nämlich der Ruf Gottes zu einer solchen Lebensweise.
An die Postulantin Antonia Brückner
vom 13. November 1876

Wir müssen dem Herrn recht dankbar sein, daß er uns zu seinem Dienst berufen hat. Bestreben wir uns daher, ihm aus ganzem Herzen, mit Eifer und mit Treue zu dienen.
An Schwester Hortulana Mentzen in Covington/Kentucky
vom 9. Februar 1875

Gehen wir ganz einfach den Weg der Nachfolge Jesu Christi, und hüten wir uns vor allem vor unnötigen Rückblicken.
An Schwester Alphonsa Burchard in Cincinnati
am Allerseelentag 1875

Let us proceed with courage and confidence, resoluteness, faithfulness and perseverance along the road which will lead us to the desired goal.

To the Sisters in Cincinnati,
February 4, 1864

In truth, not a day goes by which is not sanctified by enthusiastic striving for continual faithfulness in the service of the Lord.

Circular Letter on July 7, 1871

Let us endeavor to keep true to what we have promised to God and the Congregation. If we persevere in that, then we can become vigorous branches of the congregational vine which the Lord himself planted.

Circular Letter on January 23, 1863

We lack neither the opportunity nor the means to align ourselves to Jesus Christ, our divine example. Let us seize the opportunities offered us and use them with enthusiasm. Then we shall progress along the road to perfection.

To Sister Camilla Plum in Mülheim,
July 17, 1869

Wir wollen mit Mut und Vertrauen, mit Entschiedenheit, mit Treue und Ausdauer auf dem Wege weitergehen, der uns zum erwünschten Ziele führen wird.
An die Schwestern in Cincinnati
vom 4. Februar 1864

Es vergehe in Wahrheit kein Tag, der nicht durch eifriges Streben nach beständiger Treue im Dienst des Herrn geheiligt sei.
Rundschreiben vom 7. Juli 1871

Wir wollen uns eifrig bemühen, an dem treu festzuhalten, was wir Gott und der Genossenschaft gelobt haben. Harren wir darin aus, dann werden wir lebenskräftige Rebzweige an dem vom Herrn selbstgepflanzten Weinstock der Genossenschaft sein können.
Rundschreiben vom 23. Januar 1863

Es fehlt uns weder an Gelegenheit, noch fehlen uns die Mittel, uns nach Jesus Christus, unserem göttlichen Vorbild, auszurichten.
Ergreifen wir die uns gebotenen Gelegenheiten und benutzen sie mit Eifer, dann werden wir fortschreiten auf dem Weg der Vollkommenheit.
An Schwester Camilla Plum in Mülheim
vom 17. Juli 1869

Give God faithfully what you promised him through the vows. Give it to him exactly, for he knows how to compensate you well for your sacrifices.

From the "Testament" of Blessed Frances Schervier

The Sisters should above all imitate our Lord Jesus Christ through the observance of the three vows by surrendering to him their external possessions through poverty, their body and heart through chastity, and their spirit and will through obedience.

The Statutes of the Sisters of the Poor
of St. Francis, Chapter II, art. 17, 1850

The impression of poverty should permeate our chapels and churches and become their main decoration. We should be recognized by it as true children of St. Francis. He wanted to have everything removed which could obscure or reduce such precious features of poverty.

Circular Letter on the Feast of
St. Francis, 1856

Just as St. Francis chose poverty voluntarily for Christ's sake and, therefore, is called, the "Poor Man of Christ," in the same way, the Sisters adopt the love of poverty as their main characteristic. They call themselves the Sisters of the Poor because they are not only Sisters of all poor people, but they themselves are poor and want to be like the poor.

The Statutes of the Sisters of the Poor
of St. Francis, Chapter III, art. 23, 1850

Gebt Gott mit Treue, was ihr ihm durch das Gelübde versprochen habt. Gebt es ihm genau, denn er weiß euch für eure Opfer wohl zu entschädigen.

Aus dem Vermächtnis der seligen Franziska Schervier

Die Schwestern sollen vor allem durch die Befolgung der drei Gelübde unseren Herrn Jesus Christus nachahmen, indem sie ihm durch die Armut ihr äußeres Gut, durch die Keuschheit ihren Leib und ihr Herz und durch den Gehorsam ihren Geist und Willen hingeben.

Satzungen der Armen-Schwestern von heiligen Franziskus
II. Kapitel, § 17; 1850

Das Gepräge der Armut soll bis in unsere Kapellen und Kirchen dringen und deren Hauptzierde sein. Daran soll man uns als wahre Kinder des heiligen Franziskus erkennen. Er wollte alles entfernt haben, was die so teuren Züge der Armut verwischen oder verringern könnte.

Rundschreiben
am Fest des heiligen Franziskus, 1856

Wie der heilige Franziskus die freiwillige Armut um Jesu Christi willen erwählt hat und daher der „Arme Christi" heißt, so nehmen die Schwestern die Liebe zur Armut als ihr Hauptkennzeichen. Sie nennen sich die Armen-Schwestern, weil sie nicht nur Schwestern aller Armen, sondern auch selbst arm sein und den Armen gleichen wollen.

Satzungen der Armen-Schwestern vom heiligen Franziskus
III. Kapitel, § 23; 1850

What Frances Schervier teaches us today is to be firm and absolutely rooted in the eternal — namely, in her faith which is the active element in her life and arouses love.

Erich Stephany,
Hon. D. Eng., Monsignor, Capitular
for Aachen Cathedral, Aachen

Was Franziska Schervier uns heute lehrt, ist die feste, unverbrüchliche Verwurzelung im Ewigen, in ihrem Glauben, der das aktive Element ihres Lebens bildet und die Liebe weckt.

Erich Stephany
Dr.-Ing. E. h., Prälat, Domkapitular
am Münster zu Aachen

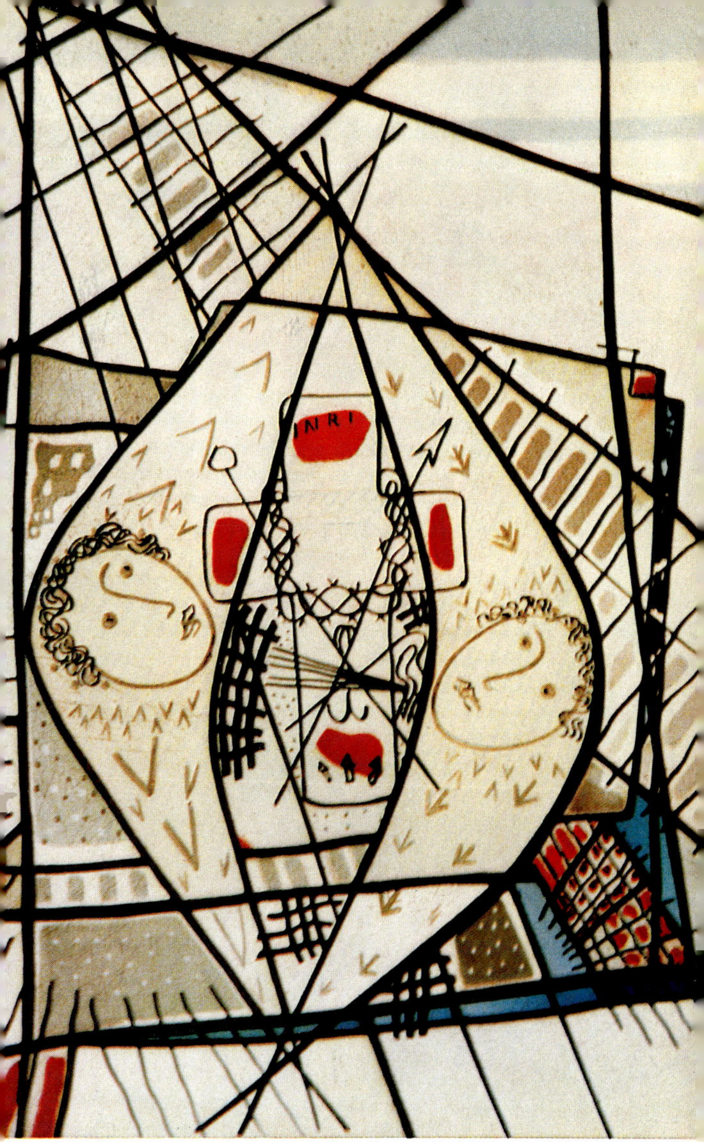
INRI

Wherever the vow of obedience is demanded of the Sisters, they should refrain not only from all opposition and complaining, but should also rid themselves of all inner discontent and moodiness.

The Statutes of the Sisters of the Poor
of St. Francis, Chapter III, art. 29, 1850

I beg you to remain faithful until death to him who you have consecrated yourself to, and be certain that you will receive the crown of eternal life as a reward for your efforts.

From the "Testament" of Blessed Frances Schervier

In following our Lord's footsteps we must climb a steep path, but it leads to eternal happiness.

To Sister Alphonsa Burchard in Cincinnati,
April 3, 1871

Wo immer das Gelübde des Gehorsams von den Schwestern gefordert wird, da sollen sie sich nicht nur aller Widersetzlichkeit und allem Murren enthalten, sondern auch alle innere Unzufriedenheit und Mißgestimmtheit von sich weisen.

Satzungen der Armen-Schwestern vom heiligen Franziskus
III. Kapitel, § 29; 1850

Ich bitte euch, bleibt treu bis in den Tod demjenigen, dem ihr euch geweiht habt und seid gewiß, daß ihr zum Lohn eurer Bemühungen die Krone des ewigen Lebens erlangen werdet.

Aus dem Vermächtnis
der seligen Franziska Schervier

Steil ist der Weg der Nachfolge unseres Herrn, aber er führt ins ewige Glück.

An Schwester Alphonsa Burchard in Cincinnati
vom 3. April 1871

Life Strengthened by Faith

                        Let God lead and direct us.

The Lord works on our soul as the sculptor works on a piece of wood. He chops, chisels, planes, files, polishes, or paints it; and indeed, sometimes he even gilds it. In the same way, the Lord forms us according to his likeness. Let us work and be glad that he has us in his creative hands.

To Sister Ursula Hackenberg,
undated letter

Let us not forestall the Lord and his grace, neither with regard to ourselves, nor to others. Let God lead and direct us, and let us comply with his arrangements simply and calmly.

To Sister Felicitas Dorst in Cincinnati,
the Second Week of Lent, 1859

Let us show the people through our works and our behavior by which spirit we are inspired and which banner we stand by; and then, inner peace will be granted to us here on earth.

To the Sisters, on the Feast of St. Peter
of Alcantara, 1866

Leben aus der Kraft des Glaubens

Lassen wir Gott leiten und führen.

Der Herr macht es mit unserer Seele wie der Bildhauer mit dem Stück Holz. Er behaut es, schnitzt daran, hobelt, feilt, poliert oder bemalt es, ja, mitunter vergoldet er es sogar.
In gleicher Weise formt der Herr uns nach seinem Bild. Lassen wir ihn nur arbeiten und freuen wir uns, wenn er uns in seinen bildenden Händen hat.

An Schwester Ursula Hackenberg
Brief undatiert

Wir wollen dem Herrn und der Gnade nicht vorgreifen, weder bei uns selbst, noch bei anderen. Lassen wir Gott leiten und führen, und folgen wir einfach und ruhig seinen Fügungen.

An Schwester Felicitas Dorst in Cincinnati
2. Fastenwoche 1859

Laßt uns durch unsere Werke und unser Verhalten den Menschen zeigen, von welchem Geist wir beseelt sind und zu welcher Fahne wir uns bekennen, dann wird uns hier auf Erden der innere Friede zuteil werden.

An die Schwestern
am Fest des heiligen Petrus von Alcantara 1866

Dear Sisters, do not be depressed by adversity nor dazzled by happiness. It is characteristic of faith to humble the soul in the face of success, and to strengthen it in the face of failure.

From the "Testament" of Blessed Frances Schervier

We should strive to be always so disposed that one can lean on us as on a staff; but, if it seems necessary, then we should be able to wait until needed.

To Sister Camilla Plum,
on the Feast of St. Anthony, 1874

I think the Lord will look upon our somewhat weak, but nevertheless, good intention, and then accord us his peace, which brings happiness more than anything else.

To Sister Dominica Besener in Cincinnati,
on the Feast of the Holy Innocents, 1865

If it pleases the Lord that we are ill, then we can serve him in sickness as well as in health. Let us strive, therefore, for harmony with the divine will.

To Sister Afra Hoffacker in Columbus, Ohio,
on the Feast of St. Magdalen, 1876

Liebe Schwestern, laßt euch weder durch die Widerwärtigkeiten niederschlagen, noch durch das Glück blenden.
Es ist dem Glauben eigen, die Seele demütig zu machen, wenn etwas gelingt und fest, wenn es mißlingt.
Aus dem Vermächtnis
der seligen Franziska Schervier

Wir sollen uns bestreben, stets so gesinnt zu sein, daß man sich auf uns wie auf einen Stock stützen kann oder aber, wenn es nötig erscheint, uns in die Ecke stellen könne.
An Schwester Camilla Plum
am Fest des heiligen Antonius 1874

Ich denke, der Herr wird auf unseren, wenn auch noch etwas schwachen, aber doch immerhin guten Willen sehen und uns dann seinen über alles beseligenden Frieden verleihen.
An Schwester Dominica Besener in Cincinnati
am Fest der Unschuldigen Kinder 1865

Wenn es dem Herrn gefällt, daß wir krank sind, dann können wir ihm in der Krankheit ebenso dienen wie in gesunden Tagen. Bestreben wir uns daher um Gleichförmigkeit mit dem göttlichen Willen.
An Schwester Afra Hoffacker in Columbus/Ohio
am Fest der heiligen Magdalena 1876

Moreover, I tell you, dear Sister, I calmly seek to do my part, and then leave the main concern to the dear God. For all prosperity and every blessing are dependent on him. I feel all the more grateful to our dear Lord when light comes into my soul through his grace.

To Sister Camilla Plum in Essen,
March 22, 1875

Today, I see everything so clearly, and I am so calm and at peace about things which used to trouble me, that I consider it right to pursue my goal simply and confidently. Our dear God is with the Congregation. And I feel and know this in a quite special way.

To Pastor Kappes, Pastor of St. Nicholas Church
in Aachen, from Cincinnati, July 10, 1863

Your appearance as a good Catholic has been a silent sermon. Often that is more effective than a lot of talk. But, one should not, however, cease to affirm one's conviction of faith openly and frankly where it is necessary.

To Maria Jacobsohn-Wildt in Wallhorn,
undated letter

Übrigens will ich dir, liebe Schwester, sagen, daß ich ruhig das Meinige zu tun suche und dann die Hauptsorge dem lieben Gott überlasse. Von ihm hängt ja doch alles Gedeihen und aller Segen ab. Um so dankbarer fühle ich mich denn auch gegen unseren lieben Herrn gestimmt, wenn durch seine Gnade Licht in meine Seele fällt.

An Schwester Camilla Plum in Essen
vom 22. März 1875

Ich erkenne heute alles so klar und bin so ruhig und im Frieden über das, was mir früher noch einige Sorgen machte, daß ich es als richtig erachte, das Ziel einfach und in Ruhe weiter zu verfolgen. Der liebe Gott ist mit der Genossenschaft. Dieses fühle und erkenne ich in ganz besonderer Weise.

An Herrn Pastor Kappes, Pfarrer an St. Nikolaus in Aachen
vom 10. Juli 1863 aus Cincinnati

Dein Auftreten als gute Katholikin ist eine stumme Predigt gewesen. Dadurch wirkt man oft mehr als durch vieles Sprechen. Man darf jedoch auch nicht unterlassen, dort, wo es nötig ist, seine Glaubensgesinnung offen und freimütig zu bekennen.

An Maria Jacobsohn-Wildt in Wallhorn
Brief undatiert

How beautiful today is. It is, at the same time, the dawn of our future salvation. Without the purity of the Blessed Virgin, Christ would not have been able to come to us in a fitting way. By serving the Lord as a ladder and a bridge, she enabled him to reach us sinful people.

To Maria Iacobsohn-Wildt in Wallhorn,
on the Feast of Mary's Birth, September 8, 1855

Death is the way to eternal life, and happy is he who has completed it. Our holy religion comforts and strengthens in death. In fact, wherever the judge is simultaneously friend, brother, and bridegroom, then one can be confident in the hope that he who has been faithful, has been well received by the Lord.

To Father Reiffert at the death of his sister,
Sister Michaela, on the Feast of St. Agatha, 1857

Sometimes things seem difficult, but I ignore such feelings. I go straight on like a horse that relies on the bridle and respects the whip. Let us go on with fresh courage, prayer, and sacrifice!

To the Sisters of the Motherhouse,
from Cincinnati, July 17, 1863

Wie schön ist doch der heutige Tag. Er ist gleichsam die Morgenröte unserer künftigen Erlösung.
Ohne die Reinheit der allerseligsten Jungfrau Maria hätte Christus nicht in angemessener Weise zu uns kommen können. Sie hat dem Herrn gleichsam als Leiter gedient, als Brücke, um zu uns sündigen Menschen zu kommen.

An Maria Jacobsohn-Wildt in Wallhorn
am Fest Mariä Geburt, 8. September 1855

Das Sterben ist der Weg zum ewigen Leben und glücklich, wer wohl vollendet hat.
Unsere heilige Religion tröstet und stärkt im Todesfalle. Ja, wo der Richter auch gleichzeitig Freund, Bruder und Bräutigam ist, da darf man gewiß getrost hoffen, daß der Mensch, der treu gewesen ist, eine gute Aufnahme beim Herrn gefunden hat.

An Herrn Pater Reiffert zum Tode seiner
Schwester Michaela am Fest der heiligen Agatha 1857

Manchmal will es schwer werden, aber solche Empfindungen beachte ich dann nicht. Ich gehe ganz gerade durch wie ein Pferd, das sich auf den Zügel verläßt und die Peitsche respektiert.
Frischen Mut und nur voran, beten und opfern!

An die Schwestern des Mutterhauses
aus Cincinnati vom 17. Juli 1863

Francis Schervier's charism, "to heal his wounds," has impressed the image of the crucified Lord, in effect the image of the cross, on her soul.

Sister Anna Theresia Beckers,
Armen-Schwester vom heiligen Franziskus,
Aachen

Franziska Scherviers Charisma, ,,Seine Wunden zu heilen", hat ihrer eigenen Seele das Bild des Gekreuzigten eingeprägt, das Bild des Kreuzes schlechthin.

Schwester Anna Theresia Beckers
Armen-Schwester vom heiligen Franziskus, Aachen

INRI

The Suffering of the Cross

> I am happy that I may help the
> Lord to carry the lighter end
> of the cross.

Since by God's grace it has become a principle with me to seek and love God's will more than anything else, I humble myself willingly and readily to God's direction and say with my whole heart: "The Lord has given, the Lord has taken away, blessed be the name of the Lord."
But, do not think that I do not feel the weight of the cross which God imposes on me. In fact, precisely the opposite is true. But, I kiss God's testing hand with grateful respect. May the cross of our Lord on which we pride ourselves live on.

To Father Provincial, Gregorius Janknecht, O.F.M.
in Warendorf, September, 1864

How well you will be able to die if you have taken up your small share of the Lord's cross quietly and courageously and have carried it in conformity with God's will to his intended goal.

I feel the pressure and the weight of the cross which has been put on my shoulders, but which I did not choose for myself. Another, whom I neither can nor will resist, did so, and so it is right that I persevere.

Erleiden des Kreuzes

> Ich freue mich, dem Herrn das kleine Ende des Kreuzes tragen helfen zu dürfen.

Da es mit Gottes Gnade bei mir zum Grundsatz geworden ist, über alles den Willen Gottes zu suchen und zu lieben, so beuge ich mich gerne und leicht unter Gottes Anordnung und sage aus ganzem Herzen: „Der Herr hat's gegeben, der Herr hat's genommen; der Name des Herrn sei gebenedeit."
Glauben Sie aber nicht, daß ich die Schwere des Kreuzes, welches Gott mir auferlegt, nicht empfinde. Nein, gerade das Gegenteil. Doch ich küsse mit dankbarer Ehrfurcht die prüfende Hand Gottes. Es lebe das Kreuz unseres Herrn, in welchem wir uns rühmen sollen.
An Pater Provinzial Gregorius Janknecht in Warendorf,
im September 1864

Wie gut wird man sterben können, wenn man seinen kleinen Anteil am Kreuz des Herrn ruhig und mutig auf sich genommen und nach Gottes Willen bis zu dem von ihm bestimmten Ziel getragen hat. Ich fühle den Druck und die Schwere des Kreuzes, das mir aufgeladen ist, doch ich habe es mir nicht selbst ausgewählt. Ein anderer, dem ich nicht widerstehen kann noch will, hat es getan, und so ist es

He who has imposed this on me will also give me the strength to carry it.

To be sure, I am already old and bowed down. But if it would please the Lord to take the cross from my shoulders, then I believe I could begin to become a child again.

To Father Provincial, Gregorius Janknecht, O.F.M.
in Warendorf, March 11, 1864

If we take up the cross in a similar frame of mind to the Lord's, he will send us someone to help us bear it, even if we then fall on the way.

Really, it is the Lord himself who carries the cross when we cannot go on any further.

Instruction on Religious Life

It is good to perform small acts of self-denial and penances throughout the day. But you must not lose your freedom of spirit in doing so because this is a very great treasure.

To Sister Ursula Hackenberg,
undated letter

With regard to personal guilt and the great misery of life, you must not let yourself be discouraged but begin afresh again and again and with even greater enthusiasm to be faithful to the Lord.

To a Priest in America,
April 19, 1866

recht, daß ich ausharre. Der es mir auferlegt hat, wird mir auch die Kraft geben, es zu tragen.
Ich bin zwar schon alt und gebeugt, wenn es aber dem Herrn gefiele, mir das Kreuz von den Schultern zu nehmen, dann meine ich, könnte ich noch einmal anfangen, ein Kind zu werden.

An Pater Provinzial Gregorius Janknecht in Warendorf
vom 11. März 1864

Wenn wir in einer dem Herrn ähnlichen Gesinnung das Kreuz annehmen, wird er uns jemanden schikken, der es uns tragen hilft, und müßten wir gleich ihm hinstürzen auf dem Wege.
Eigentlich ist es der Herr selbst, der das Kreuz trägt, wo wir es nicht mehr können.

Unterricht über den Ordensstand

Es ist gut, kleine Abtötungen und Bußen im Laufe des Tages zu verrichten. Du darfst aber darüber nicht die Freiheit des Geistes verlieren, denn diese ist ein gar großes Gut.

An Schwester Ursula Hackenberg
Brief undatiert

Im Hinblick auf die persönliche Schuld und das viele Elend des Lebens darf man sich nicht entmutigen lassen, sondern muß immer wieder von neuem und mit um so größerem Eifer beginnen, dem Herrn treu zu sein.

An einen Priester in Amerika
vom 19. April 1866

Life is a constant struggle and many a cross will burden us. Let us accept it as coming from God's hand and as a means of helping us towards our goal. For then we shall experience true peace and inner tranquillity.

Instruction on Easter Monday, 1866

Even if one is always ready to suffer and to accept humiliations of every kind and the Lord, through his grace, helps to bear inner and outer difficulties, nevertheless, human nature always remains weak. The poor person thinks from time to time that he has to succumb.

To Dr. W. Berith in Cologne,
April 12, 1863

I am happy that I may help the Lord to carry the lighter end of the cross. You can understand to a certain extent my difficult position, but the holy cross is rich in grace and blessings. Therefore, have courage and trust.

To Sister Felicitas Dorst in Cincinnati,
on the Feast of the Holy Trinity, 1860

I can say for myself and all my brothers and sisters that the bitter cup which we were forced to empty through our father's sudden death, was the bitterest of our lives.

Das Leben ist ein beständiger Kampf, und manches Kreuz wird uns aufgeladen. Nehmen wir es bereit, als aus Gottes Hand kommend an, und als ein Mittel, das uns zum Ziel verhilft, dann werden wir wahre Ruhe und inneren Frieden erfahren.
Unterricht am Ostermontag 1866

Wenn man auch zu Leiden und Verdemütigungen aller Art stets bereit ist, und der Herr durch seine Gnade hilft, die inneren und äußeren Schwierigkeiten zu tragen, so bleibt die Natur doch immer schwach. Zuweilen meint dann der arme Mensch, erliegen zu müssen.
An Herrn Dr. W. Berith in Köln
am 12. April 1863

Ich freue mich, dem Herrn das kleine Ende des Kreuzes tragen helfen zu dürfen. Du kannst meine schwierige Stellung einigermaßen verstehen, doch das heilige Kreuz ist reich an Gnade und Segen. Also, Mut und Vertrauen.
An Schwester Felicitas Dorst in Cincinnati
am Fest der Heiligsten Dreifaltigkeit 1860

Durch den plötzlichen Tod unseres Vaters wurde uns ein bitterer Kelch zu leeren auferlegt; der bitterste unseres Lebens, das kann ich in meinem und auch im Namen meiner Geschwister sagen.

As though crushed, we leaned against the stem of our common cross. The strength of the Lord manifested itself in our weakness, and his mercy did not let us perish.

Firm trust in his mercy soothed the wounds of our hearts.

Account "On the Origin of the Sister of
the Poor of St. Francis"

We are embarking on our voyage full of confidence.* This creation of God's will make us suffer, but it is all in accordance with God's plan.

However powerful and sublime this creation of God appears, the impressions that it evokes are equally marvelous both an the dark and the light side.

To the Sisters of the Motherhouse, from
Southampton, England, June, 1863

---

* She traveled to America for the first time on June 16, 1863, for visitation of the established houses there.

Wie zerschmettert lehnten wir uns an den Stamm unseres gemeinsamen Kreuzes. Die Kraft des Herrn offenbarte sich in unserer Schwachheit, und seine Barmherzigkeit ließ uns nicht zuschanden werden. Das feste Vertrauen auf Gottes Barmherzigkeit war Linderung für die Wunden unseres Herzens.

Bericht „Über den Ursprung der Armen-Schwestern vom heiligen Franziskus"

Wir gehen voll Vertrauen aufs Meer*. Diese Kreatur Gottes wird uns zu leiden bereiten, aber es geschieht nach Gottes Plan.
So gewaltig und erhaben dieses Geschöpf Gottes erscheint, so großartig sind auch die Eindrücke, die es hervorruft, und zwar sowohl nach der dunklen wie auch nach der lichten Seite.

An die Schwestern des Mutterhauses aus Southampton vom Juni 1863

---

* Am 16. Juni 1863 fuhr sie zum ersten Mal nach Amerika zur Visitation der dort gegründeten Häuser.

Prayer,
the Source of Knowledge and Peace

> Without prayer, there is a lack of sustenance for the soul.

We should love prayer like a food that is essential for life. We receive the strength to carry out our daily devotion to God in loving and trustful prayer.
Instruction on the Feast of the Three Kings, 1866

We come to know God and ourselves through prayer.
Just as light and warmth are necessary to nurture life, so prayer gives life to the soul. Without prayer, there is a lack of sustenance for the soul and we are spiritually dead.
Notes on Prayer

Above all, we must pray. The more we trust in God, the greater are our expectations of his help. In spiritual matters, we can never ask for too much of the Lord.
To Sister Stefana Grünewald in Mülheim,
undated letter

Gebet,
Quelle der Erkenntnis und des Friedens

Ohne Gebet fehlt der Seele die Nahrung.

Wir sollen das Gebet lieben wie eine Speise, die zum Leben notwendig ist. Im vertrauenden und liebenden Gebet erhalten wir die Kraft, unsere tägliche Hingabe an Gott zu vollziehen.

Unterricht am Dreikönigsfest 1866

Durch das Gebet lernen wir Gott und uns selbst kennen.
Wie Licht und Wärme zu aufblühendem Leben notwendig sind, so gibt das Gebet der Seele Leben. Ohne Gebet fehlt der Seele die Nahrung, und wir sind geistig tot.

Notizen über das Gebet

Vor allem müssen wir beten, denn je mehr wir auf Gott vertrauen, um so fester dürfen wir auch seine Hilfe erwarten. In geistiger Hinsicht können wir nie zu viel vom Herrn erbitten.

An Schwester Stefana Grünewald in Mülheim
Brief undatiert

Sometimes the saints are more to be admired than to be imitated, but in Blessed Frances Schervier we have an exemplary model of Franciscan saintliness which is worthy of imitation.

Pope Paul VI

Mitunter sind die Heiligen mehr zu bewundern als nachzuahmen. Die selige Franziska Schervier hingegen bietet sich als ein Vorbild franziskanischer Heiligkeit in beispielhafter Weise zur Nachahmung an.

Papst Paul VI.

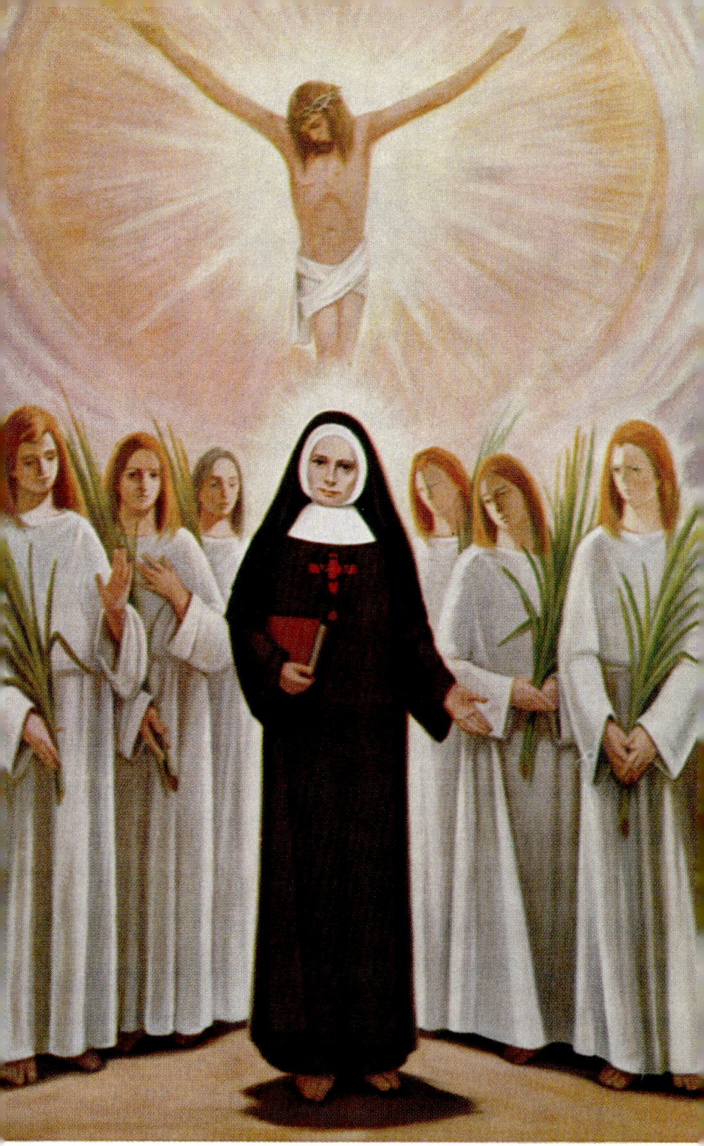

Prayer and love are the strength and power which nothing can resist, not even the devil.

To Sister Leo Labry in Saarbrücken,
December 27, 1873

Pray, and only then judge.

To Sister Leonarda Wiese,
May 2, 1866

God communicates with us in prayer and we experience him through contemplation.
Like the traveler who feels revived on his journey when he has refreshed himself with nourishing food, so the Lord strengthens our soul through the spiritual nourishment of prayer.

Notes on Prayer

Watch and pray unceasingly! Finish the good that you have begun with persistent care. Fulfill the task that has been given to you in complete and sincere humility.

From the "Testament" of Blessed Frances Schervier

If we pray confidently and are faithful in our daily affairs, and above all gladly make interior sacrifices, then God will help us and have everything contribute to our good and to our salvation.

To Sister Perpetua Weiskorn in Hoboken,
New Jersey, July 11, 1873

Gebet und Liebe sind die Kraft und Gewalt, denen nichts widerstehen kann, nicht einmal der Teufel.

An Schwester Leo Labry in Saarbrücken
vom 27. Dezember 1873

Bete — und dann erst urteile!

An Schwester Leonarda Wiese
vom 2. Mai 1866

Im Gebet teilt Gott sich uns mit, und durch Betrachtung erfahren wir ihn.
Wie der Wanderer sich erfrischt fühlt auf seinem Wege, wenn er sich mit kräftigender Speise belebt hat, so stärkt der Herr unsere Seele durch die geistige Nahrung des Gebetes.

Notizen über das Gebet

Betet und wachet ohne Unterlaß! Vollendet mit ausdauernder Sorgfalt das Gute, das ihr angefangen habt. Erfüllt das Amt, das euch aufgetragen ist, in gänzlicher und aufrichtiger Demut.

Aus dem Vermächtnis
der seligen Franziska Schervier

Wenn wir vertrauensvoll beten und treu sind in den alltäglichen Dingen und vor allem die inneren Opfer gerne bringen, dann wird Gott uns beistehen und alles zum Besten und zu unserem Heile gereichen lassen.

An Schwester Perpetua Weiskorn in Hoboken/New Jersey
vom 11. Juli 1873

I pray every day for enlightenment, direction, and strength. The "Veni Creator Spiritus" is my favorite prayer, especially here in America. On my journey I repeated it constantly with great confidence.

To the Sisters of the Motherhouse, from
Teutopolis, Illinois, July 6, 1863

The Lord has heard the many prayers I have directed to him and he has given me light and knowledge so that I knew how I had to proceed.

I was in a great dilemma because the Lord hesitated to give me clarity. Yet, when the need was at its greatest, he came to me in his great mercy to help and show me clearly the way I had to take.

Do thank the good God with me and continue to pray. Then in this way I will receive the strength to comply with the grace of God even in difficult situations.

To Sister Paula Nellessen in the Motherhouse,
from Cincinnati, August 14, 1863

Let us pray for one another. The Lord will hear and bless this prayer of love.

To Sister Hortulana Mentzen in Covington,
November 16, 1876

Ich bete jeden Tag um Erleuchtung, Rat und Stärke. Das „Veni Creator Spiritus" ist besonders hier in Amerika mein Lieblingsgebet. Auf der Reise habe ich es stets mit großem Vertrauen gebetet.

An die Schwestern des Mutterhauses
vom 6. Juli 1863 aus Teutopolis/Illinois

Der Herr hat die vielen zu ihm gerichteten Gebete erhört und mir Licht und Erkenntnis gegeben, so daß ich erkannte, wie ich handeln mußte.
Ich war in großer Verlegenheit, da der Herr zögerte, mir Klarheit zu verleihen. Doch als die Not am größten war, kam er mir in seiner unendlichen Barmherzigkeit zu Hilfe und zeigte mir deutlich den Weg, den ich einzuschlagen hatte.
Dankt mit mir dem lieben Gott und fahrt fort zu beten, denn dadurch erhalte ich die Kraft, auch in schwierigen Fällen der Gnade zu entsprechen.

An Schwester Paula Nellessen im Mutterhaus
vom 14. August 1863 aus Cincinnati

Beten wir füreinander, der Herr wird das Gebet der Liebe segnen und erhören.

An Schwester Hortulana Mentzen in Covington
vom 16. November 1876

Living Trust

> I live in hope and trust in the Lord.

Let us cast our care upon the Lord. The weaker and less capable we feel ourselves to be, the more trust and hope we should place in him. The Lord comes to our assistance, lending us his special support. And the consolation of his Spirit and cross will put new life and strength into us.

To Sister Felicitas Dorst in Cincinnati,
Saturday, the Second Week of Lent, 1859

We want to trust in the Lord and help one another as much as we possibly can.

To Sister Aloysia Grossmann in Minden,
on the Feast of St. Catherine, 1875

Let us not lose courage nor let our trust in the help of the Lord waver. Throw an anchor to God and you will have peace.

To Sister Veronica, Countess Stolberg-Stolberg,
November 2, 1875

Gelebtes Vertrauen

> Ich lebe in der Hoffnung und vom Vertrauen auf den Herrn.

Werfen wir unsere Sorge auf den Herrn. Je schwächer und unvermögender wir uns in uns selber fühlen, um so mehr vertrauen wir Gott und hoffen auf ihn. Der Herr kommt uns mit seinem besonderen Beistand zu Hilfe, und der Trost seines Geistes und seines Kreuzes werden uns beleben und stärken.

An Schwester Felicitas Dorst in Cincinnati
Samstag der 2. Fastenwoche 1859

Wir wollen auf den Herrn vertrauen und einander helfen, so viel es nur immer in unseren Kräften liegt.

An Schwester Aloysia Großmann in Minden
am Fest der heiligen Katharina 1875

Lassen wir den Mut nicht sinken und das Vertrauen auf die Hilfe des Herrn nicht wanken. Wirf Anker in Gott, und du wirst Frieden haben.

An Schwester Veronica, Gräfin Stolberg-Stolberg
vom 2. November 1875

Remain generous, above all, towards our Lord. Have complete confidence in God and put yourself entirely in his hands.

To Sister Vincentia Maubach in Cincinnati,
September 25, 1871

The time will come for everyone when there is much to bear, to suffer, but also to learn and to deserve. Do not let your trust in the Lord waver. Put yourself in God's hands so that he can shape you like the blacksmith shapes iron on the anvil. Let yourself be put like gold into the furnace of inner and outer difficulties so that the impurities may be burned out. Just as no leaf falls from a tree without God's permission, in the same way, everything that happens to us is ordered through his wisdom and love, and is done for our advantage. "Let it be done according to your will."

To Sister Veronica, Countess Stolberg-Stolberg,
in Bielefeld, on All Souls' Day, 1875

There are always lots of different things to do, often more than seems good for us. But I think the Lord knows our poor shoulders and his strength will support us where our own weakness and spiritual inability let us down. I live in hope and trust in the Lord.

To Father Provincial, Gregorius Janknecht, O. F. M.,
in Warendorf, the Second Sunday of Advent, 1863

Bleibt großherzig, vor allem unserem Herrn gegenüber. Vertraut fest auf Gott und gebt euch ganz in seine Hand.
Schwester Vincentia Maubach in Cincinnati
vom 25. September 1871

Für jeden Menschen werden Zeiten kommen, da es viel zu tragen, viel zu leiden, aber auch viel zu lernen und viel zu verdienen gibt. Laß dann dein Vertrauen auf den Herrn nicht wanken. Gib dich in Gottes Hand, damit er dich bearbeite wie der Schmied das Eisen auf dem Amboß. Laß dich wie das Gold in den Glühofen der inneren und äußeren Schwierigkeiten stecken, damit die Schlacken ausgebrannt werden.
Wie kein Blatt vom Baume fällt ohne Gottes Zulassung, so ist auch alles, was uns trifft, durch Weisheit und Liebe geordnet und wird zu unserem Besten geleitet. „Fiat voluntas tua."
An Schwester Veronica, Gräfin Stolberg-Stolberg
in Bielefeld, am Allerseelentag 1875

Es gibt immer vielerlei zu schaffen, oft mehr, als uns gut scheint. Doch ich denke, der Herr kennt die armen Schultern, und da wird seine Kraft unterstützen, wo die eigene Schwäche und das geistige Unvermögen nicht ausreichen könnten. Ich lebe in der Hoffnung und vom Vertrauen auf den Herrn.
An Herrn Pater Provinzial Gregorius Janknecht
in Warendorf vom 2. Adventsonntag 1863

Whenever I look to God, and I do that in all congregational affairs, then I see clearly that we should go on in complete trust in him. He leads and guides us. We want to serve him in a heroic, but sensible manner.

To Sister Vincentia Maubach in Cincinnati,
September 25, 1871

The Lord did not want to set me free,* as I so dearly wished. Yet, as the Lord wills it, the Congregation is his and we are all his. If he wants to use a bad tool in order to achieve his aim, then his omnipotence and wisdom become all the more evident through this. May everything be entrusted to him. I rely on him who is strong in the weak.

To Father Provincial, Gregorius Janknecht, O.F.M.,
in Warendorf, on the Feast of St. Peter and
St. Paul, 1862

He whose trust is deeply rooted in God will not waver in a violent storm.

To Sister Hortulana Mentzen in Covington,
February 9, 1875

---

*She was re-elected to the office of Superior General on June 10, 1862.

Wenn ich auf Gott schaue, und das tue ich bei allen Genossenschaftsangelegenheiten, dann erkenne ich klar, daß wir in vollstem Vertrauen zu ihm ruhig vorangehen sollen. Er leitet und führt uns. Wir wollen ihm dienen in heroischer, aber vernünftiger Weise.

Schwester Vincentia Maubach in Cincinnati
vom 25. September 1871

Es hat dem Herrn nicht gefallen, mich frei zu machen, wie ich es so sehnlichst gewünscht*. Doch wie der Herr will: Sein ist die Genossenschaft, sein sind wir alle. Gefällt es ihm, sich eines schlechten Werkzeugs zu bedienen, um seinen Zweck zu erreichen, so tritt gerade dadurch seine Allmacht und Weisheit um so mehr und besser hervor. Ihm sei alles überlassen. Ich stütze mich auf den, der stark ist in den Schwachen.

An Herrn Pater Provinzial Gregorius Janknecht
in Warendorf am Fest Peter und Paul 1862

Wer tief in Gott gegründet ist, dessen Vertrauen wankt nicht inmitten heftiger Stürme.

An Schwester Hortulana Mentzen in Covington
vom 9. Februar 1875

---

*Sie wurde am 10. Juni 1862 für das Amt der Generaloberin wiedergewählt.

What is fascinating about Frances Schervier? It is her inner, powerful, creative unity. The mystery of this unity, which ruled her life, is the Word of the Gospel: "What you have done to the least of my brethern, that you have done to me."

Klaus Hemmerle,
Bishop of Aachen

Was ist faszinierend bei Franziska Schervier? Faszinierend ist ihre innere, machtvolle, gestaltungskräftige Einheit. Das Geheimnis dieser Einheit, die ihr Leben durchwaltete, ist das Wort der Schrift: „Was ihr dem Geringsten meiner Brüder getan habt, das habt ihr mir getan."

Klaus Hemmerle
Bischof von Aachen

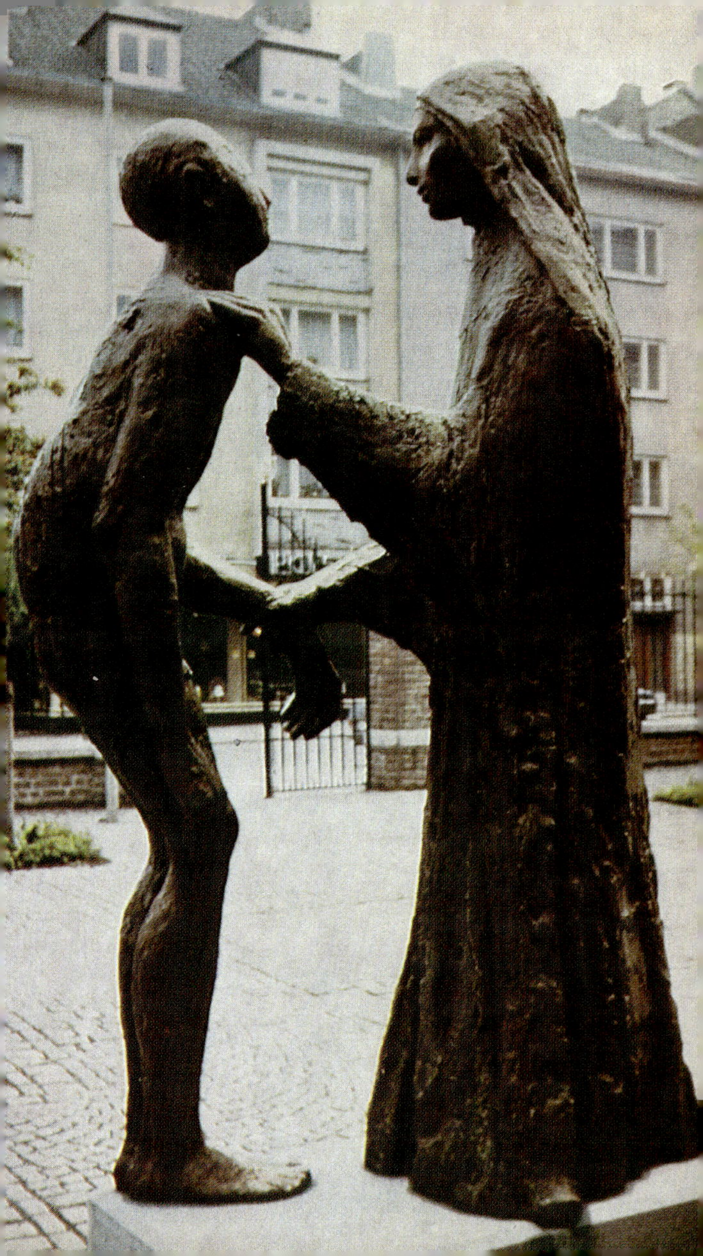

Love und Faithfulness to the Church

> We hope that holy men and women will emerge from the persecutions the Church is now suffering.

Present day circumstances particularly urge us to trust in the Lord who will be strong in the weak. We hope that holy men and women will emerge from the persecutions the Church is now suffering. And we are entitled to this expectation.

To Father Provincial, Gregorius Janknecht, O.F.M.,
in Warendorf, on Trinity Sunday, 1873

The Church is suffering greatly. As religious, we must share this suffering with the Church through faithfulness to our vows. We come to the aid of our Holy Father and offer him everything in our power.

Instruction for the Feast of St. Francis,
October 3, 1860

The more the Church is persecuted, the more fruit she produces. From the beginning of time, the blood of martyrs has gathered in a rich harvest.

To Sister Felicitas Dorst in Cincinnati,
February 15, 1862

Liebe und Treue zur Kirche

> Wir hoffen, daß die Verfolgungen
> die die Heilige Kirche erleidet,
> dazu beitragen werden,
> uns Heilige zu geben.

Die gegenwärtigen Zeitverhältnisse drängen ganz besonders zum Vertrauen auf den Herrn, der stark sein wird in den Schwachen.
Wir hoffen, daß die Verfolgungen, die die Heilige Kirche erleidet, dazu beitragen werden, uns Heilige zu geben, und zu dieser Hoffnung sind wir berechtigt.
An Herrn Pater Provincial Gregorius Janknecht
in Warendorf am Dreifaltigkeitssonntag 1873

Die Heilige Kirche leidet sehr. Wir als Ordensleute müssen diese Leiden mit der Kirche teilen. Durch die Treue in den heiligen Gelübden wollen wir unserem Heiligen Vater zu Hilfe kommen und ihm anbieten, was in unseren Kräften liegt.
Unterricht zum Fest des heiligen Franziskus
am 3. Oktober 1860

Je mehr die Heilige Kirche verfolgt wird, desto mehr Frucht bringt sie. Das Blut der Martyrer hat von jeher reiche Ernte eingebracht.
An Schwester Felicitas Dorst in Cincinnati
vom 15. Februar 1862

Do not forget the Holy Father in your prayers. And think particularly of those who suffer for their faith.

To Sister Alphonsa Burchard in Cincinnati,
May 16, 1874

May the coming year be for all of us a year of grace in the truest sense of the word. May it bring us the gift of strength to stand firm and resolute in the difficult circumstances which lie ahead of us because of our holy Catholic faith.

To Sister Vincentia Maubach in Cincinnati,
January 3, 1874

Even if we had to sacrifice our life and blood for God's cause, we would do it. If only the Church can be victorious, and she will be victorious.

To Sister Vincentia Maubach in Cincinnati,
April 21, 1874

However willingly we give the Emperor what is his, if necessary blood and lives, in the same way and above all, we want to give the Lord and his holy Church what is God's.

We shall endure persecution, humiliation, and torment for our faith and, should it be necessary, we will die for him.

To Empress Augusta in Berlin,
September 1, 1875

Vergeßt in euren Gebeten den Heiligen Vater nicht und denkt besonders an die, die um ihres Glaubens willen leiden.

An Schwester Alphonsa Burchard in Cincinnati
vom 16. Mai 1874

Möge das neue Jahr im vollsten Sinne des Wortes ein Jahr des Heiles für uns alle sein. Möchte es uns die Gabe der Stärke bringen, um fest und standhaft auszuhalten in den Bedrängnissen, die uns um unseres heiligen katholischen Glaubens willen erwarten.

An Schwester Vincentia Maubach in Cincinnati
vom 3. Januar 1874

Auch wenn wir Blut und Leben für die heilige Sache Gottes opfern müßten, wir würden es tun, wenn nur die Heilige Kirche siegt, und sie wird siegen.

An Schwester Vincentia Maubach in Cincinnati
vom 21. April 1874

So gerne wir dem Kaiser geben, was des Kaisers ist, wenn es notwendig wird Blut und Leben, so wollen wir doch auch — und zwar vor allem — dem Herrn und seiner Heiligen Kirche geben, was Gottes ist.
Für unseren heiligen Glauben wollen wir Verfolgung, Schmach und Pein erleiden, ja, sollte es sein, gehen wir für ihn in den Tod.

An die Kaiserin Augusta in Berlin
vom 1. September 1875

We must not be cowardly nor deny the Church for human reasons. We should fear nothing nor be afraid for ourselves, not even if we are deprived of our freedom because of our faith.

To Sister Aloysia Grossmann,
May, 1875

Above all, we must firm in our faith, true members of the Roman Catholic Church, and be faithful supporters of the representative of Christ, the Holy Father.

From an Instruction, 1875

Wir dürfen nicht feige sein und aus menschlichen Rücksichten die Heilige Kirche verleugnen.
Nichts sollten wir fürchten und uns nicht fürchten, selbst dann nicht, wenn wir unseres Glaubens wegen der Freiheit beraubt werden sollten.

An Schwester Aloysia Großmann
Mai 1875

Vor allem müssen wir fest im Glauben sein, wahre Glieder der römisch-katholischen Kirche und in großer Treue zum Stellvertreter Christi, dem Heiligen Vater, stehen.

Aus einem Unterricht, 1875

Horizontal Dimension

God in Your Neighbor

> Let us strive to do everything out of pure love, for then we truly serve Christ himself in our poor and suffering neighbors.*

I recognized my divine Lord in the poor and suffering as clearly as if I had seen him in them with my own eyes. For that reason my every thought and wish were directed towards loving and reviving him in the poor and suffering.

Account "On the Origin of the Sisters of the Poor of St. Francis"

It seemed to me I had perceived from the cross that I should dedicate myself entirely to the Lord through active works of charity.

A fire of holy love for my neighbor burned within me. I felt a great desire to seek out and love the Lord in the poor, the sick, and the unfortunate.

I believed that I saw the Lord himself in the poor and the sick, and I was overjoyed at being able to serve and care for him.

Account "On the Origin of the Sisters of the Poor of St. Francis"

---

*From a letter to the Sisters of the Motherhouse, from Berlin, 1864

Horizontale Dimension

Gott im Nächsten

> Laßt uns danach streben, alles aus reiner Liebe zu tun, dann dienen wir in unseren armen und leidenden Brüdern wahrhaft Christus selbst*.

Ich erkannte so offenbar in den Armen und Leidenden meinen göttlichen Herrn, als hätte ich ihn in denselben mit leiblichen Augen gesehen. Darum ging mein ganzes Sinnen und Trachten dahin, ihn in denselben zu erquicken und zu lieben.
Bericht „Über den Ursprung der Armen-Schwestern vom heiligen Franziskus"

Es war mir, als hätte ich vom Kreuz herab vernommen, daß ich mich durch tätige Nächstenliebe dem Herrn ganz hingeben müßte.
Ein Feuer heiliger Nächstenliebe loderte in meinem Inneren. Ich fühlte ein großes Verlangen, den Herrn in den Armen, Kranken und Unglücklichen zu suchen und zu lieben.
Ich glaubte, ihn selbst in den Armen und Kranken zu erblicken und war überglücklich, ihm dienen und ihn pflegen zu können.
Bericht „Über den Ursprung der Armen-Schwestern vom heiligen Franziskus"

* Aus einem Brief an die Schwestern des Mutterhauses, geschrieben aus Berlin 1864

The sight of the crucified Lord, stripped of everything, had deeply touched my heart. I felt a great urge to offer the clothing which he needed to his poor and, in the same way, to hand them his food and drink.

That is why I devoted myself whole-heartedly to works of all kinds. I sought to love the Lord with all my strength and with all my heart.

Account "On the Origin of the Sisters of the
Poor of St. Francis"

Through their efforts in religious life, the Sisters communicate the sacrifice of their strengths and resources to the Lord through service to their brothers and sisters in the world.

They perform all works of Christian charity and compassion for which the opportunity arises and of which they are capable.

The Statutes of the Sisters of the Poor of
St. Francis, Chapter II, art. 18, 1850

Everything that you do in the service of charity is truly prayer and the very best prayer.

To Sister Leonarda Wiese, 1866

We should proceed in love through these times and go unnoticed, yet, be ever ready to serve.

To Sister Alcantara Hohns,
November 28, 1863

Der Anblick des gekreuzigten und von allem entblößten Herrn hatte mein Herz tief ergriffen. Es drängte mich, ihm die abgehende Kleidung in seinen Armen zu bieten und in gleicher Weise ihm Speise und Trank zu reichen.

Daher gab ich mich den Werken der Liebe in der mannigfachsten Weise und aus ganzer Seele hin. Ich suchte den Herrn aus allen Kräften und aus ganzem Herzen zu lieben.

Bericht „Über den Ursprung der Armen-Schwestern vom heiligen Franziskus"

Mit dem Streben im heiligen Ordensstand verbinden die Schwestern die Aufopferung ihrer Kräfte und Mittel an den Herrn im Dienst an den Brüdern und Schwestern in der Welt.

Sie üben alle Werke der christlichen Nächstenliebe und Barmherzigkeit aus, zu welchen ihnen Gelegenheit geboten wird und zu deren Ausübung sie imstande sind.

Satzungen der Armen-Schwestern vom heiligen Franziskus II. Kapitel, § 18, 1850

Alles, was ihr im Dienst der Nächstenliebe tut, ist wahrhaft Gebet und das Beste.

An Schwester Leonarda Wiese, 1866

Wir sollen in Liebe durch diese Zeit gehen, ohne daß man uns bemerkt, doch stets zum Dienen bereit.

An Schwester Alcantara Hohns vom 28. November 1863

Frances Schervier's receptivity to the Holy Spirit was an on-going process in her life which led her to her goal.

Sister Jeanne M. Glisky
Franciscan Sister of the Poor
Brooklyn/New York

Franziska Scherviers Offenheit für den Heiligen Geist war ein fortwährender Prozeß in ihrem Leben, der sie zum Ziele führte.

Schw. Jeanne M. Glisky,
Franciscan Sister of the Poor
Brooklyn, New York

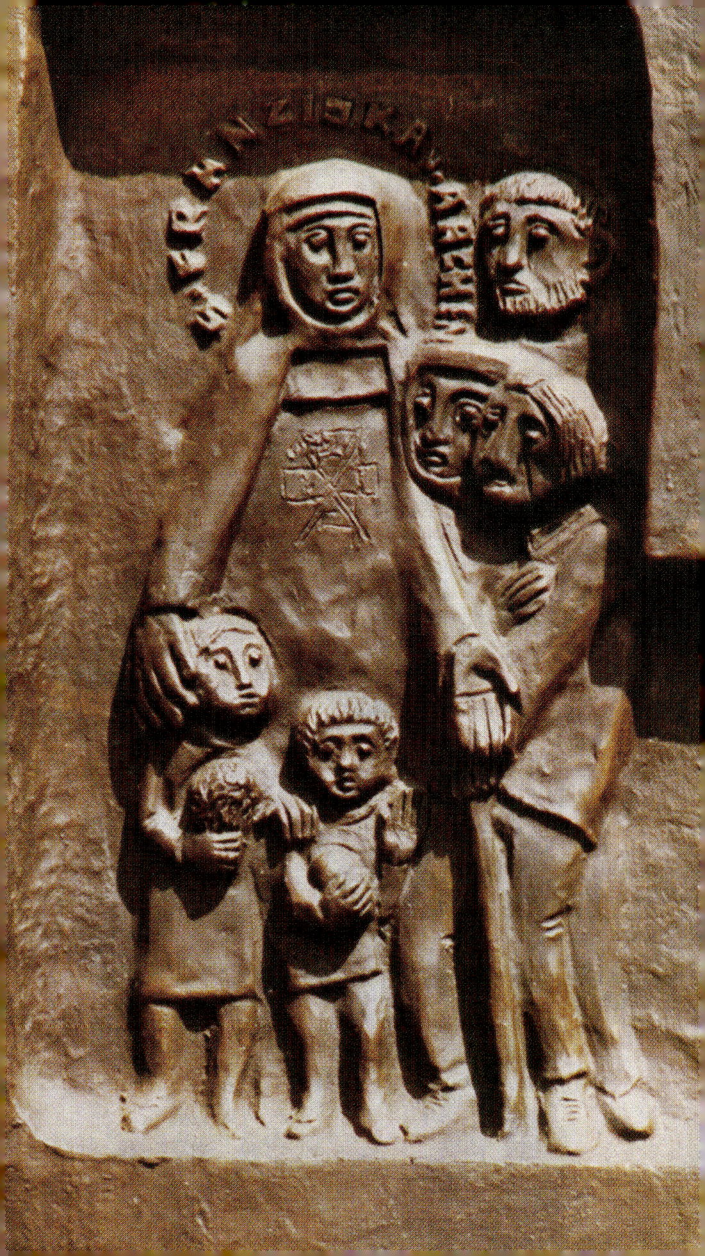

Let us serve the Lord with complete and unselfish devotion as and where he wants us to serve him.
To Sister Hortulana Mentzen in Covington,
August 17, 1876

Loyalty to duty is good and necessary, but your first duty is active love in the service of our Lord.
To Sister Leonarda Wiese, 1866

The service of Mary at the feet of the Divine Savior should be sought in the spiritual exercises of the community.
But, on the other hand, we must, along with Martha, be anxious to serve the Lord in our poor and needy neighbors.
Circular Letter on the Feast of
St. Theresa, 1856

Let us remember, dear Sisters, that the Lord through the vocation which he has given us, namely, to help and assist his poorest people, also demands of us that we apply all our available strengths and resources to this task. It is, therefore, our duty to use the resources and gifts entrusted to us to feed the poor of Christ, to clothe them, and to care for the sick.
Circular Letter on the Feast of
St. Francis, 1856

Dienen wir dem Herrn in vollkommener und opferbereiter Hingabe, wie und wo er will, daß wir ihm dienen.

An Schwester Hortulana Mentzen in Covington
vom 17. August 1876

Pflichttreue ist gut und notwendig, aber die erste Pflicht ist die tätige Liebe im Dienst unseres Herrn.

An Schwester Leonarda Wiese, 1866

Der Dienst der Maria zu Füßen des göttlichen Heilandes soll in den geistlichen Übungen der Gemeinde gesucht werden.
Im übrigen aber müssen wir mit Martha eifrig darum bemüht sein, dem Herrn in den armen und notleidenden Brüdern zu dienen.

Rundschreiben
am Fest der heiligen Theresia 1856

Bedenken wir, liebe Schwestern, daß der Herr durch den Beruf, den er uns gegeben hat, nämlich seinen ärmsten Brüdern zu helfen und beizustehen, auch von uns verlangt, daß wir alle uns zur Verfügung stehenden Kräfte und Mittel zu dieser Aufgabe verwenden. Es ist deshalb unsere Pflicht, die uns anvertrauten Mittel und Almosen gewissenhaft zu gebrauchen, um die Armen Christi zu speisen, sie zu kleiden und die Kranken zu pflegen.

Rundschreiben
vom Fest des heiligen Franziskus 1856

Love,
Basis of the Common Life

> Love and harmony are the soul
> of the community.

True love exists not in words, but in deeds and sacrifices. Therefore, let us love one another and pray a lot for one another.
The mutual love which we owe one another expressly demands this, as it is our holy duty.

Circular Letter on The Feast of
St. Francis, 1865

Love and harmony among the Sisters are an unmistakable sign that they are living in the spirit of their vocation.
They should fulfill their duty of love attentively and enthusiastically. Above all, they should have love in their hearts and practice it in word and deed.

The Statutes of the Sisters of the Poor
of St. Francis, Chapter III, art. 52, 1850

Let us love one another like children of the same father. Let us act out of love and only speak well of one another.
Let us fulfill this duty of mutual love in faithfulness

Liebe,
Fundament gemeinsamen Lebens

> Liebe und Eintracht sind die Seele der Gemeinschaft.

Die wahre Liebe besteht nicht in Worten, sondern in Taten und Opfern. Wir wollen daher einander lieben und viel füreinander beten.
Die gegenseitige Liebe, die wir uns schulden, verlangt dies ausdrücklich, da es heilige Pflicht für uns ist.

Rundschreiben
am Fest des heiligen Franziskus 1865

Liebe und Eintracht unter den Schwestern ist ein untrügliches Zeichen, daß alle im Geiste ihres Berufes leben.
Sie sollen aufmerksam und eifrig in der Erfüllung der Pflicht der Liebe sein. Vor allem sollen sie Liebe im Herzen haben und sie im Wort und in der Tat üben.

Satzungen der Armen-Schwestern vom heiligen Franziskus
III. Kapitel, § 52, 1850

Lieben wir einander wie Kinder des gleichen Vaters. Handeln wir aus Liebe und sprechen wir nur Gutes voneinander.
Dieser Pflicht gegenseitiger Liebe wollen wir in

so that it can be seen, "that you are my disciples if you love one another." Love and harmony are the soul of the community.

Instruction on Pentecost Monday, 1866

True love lies in mutual esteem and deep respect which do not have their roots in emotion.
The following three points are essential for a life in mutual love:
we must give,
forgive,
and be able to give in.

What should we give?
Above all kindness, even when it is difficult, for that is true greatness: to remain kind and loving even when one is in great sorrow oneself. We must be able to cheer and support and have a compassionate and sympathetic heart.

How must we forgive?
Only in forgiving does one get to know a heart's true goodness and greatness.

When should we give in?
We should be able to give in especially when we are working with opposite characters. Perhaps we ourselves have the mistakes which we criticize in others to a much greater degree.
Let us then love one another!

Instruction on, "A Life in Mutual Love"

Treue nachkommen, damit man daran erkennen kann, „daß ihr meine Jünger seid, wenn ihr einander liebt". Liebe und Eintracht sind die Seele der Gemeinschaft.

Unterricht vom Pfingstmontag 1866

Wahre Liebe beruht auf gegenseitiger Hochachtung und Ehrfurcht, die ihre Wurzeln nicht im Gefühl haben.
Wesentlich für ein Leben in gegenseitiger Liebe sind folgende drei Punkte:
Wir müssen geben,
vergeben und
nachgeben können.
Was sollen wir geben?
Vor allem Freundlichkeit, auch wenn es schwer wird, denn das ist wahre Größe: inmitten eigenen Leides noch freundlich und liebevoll zu sein. Wir müssen ermuntern und aufrichten können und ein teilnehmendes und mitfühlendes Herz haben.
Wie müssen wir vergeben?
Erst beim Vergeben lernt man die wahre Güte und Größe eines Herzens kennen.

Wann sollen wir nachgeben?
Wir sollen nachgeben können besonders dann, wenn wir mit entgegengesetzten Charakteren zusammenarbeiten. Vielleicht haben wir selbst die Fehler, die wir an anderen rügen, in weit größerem Maße.
Laßt uns denn einander lieben!

Unterricht über „Ein Leben in gegenseitiger Liebe"

The purpose of the Congregation is the practice of humble and devoted love of your neighbor. This should be made easier through true sisterly love which has its center in the love of Jesus.

Circular Letter on the Feast of St. Francis, 1865

We should strive to take on, readily and willingly, the humblest tasks. Then we must constantly make the effort to think and speak only well of other people. We should neither expose their faults nor draw attention to them, even if it is out of a sense of love.

Written to the Sisters on leaving for
America in June, 1863

One should seek to keep the right course between constancy and love. If one inclines more to the one side than to the other, then it would be better — or better in most cases — to lean towards the gentle rather than towards the strict side.

Address to Superiors on Pentecost
Tuesday, May 18, 1869

We must take some account of human weakness. We should look at the Lord and ask ourselves whether our views are similar to his, above all in gentleness towards others and in strictness with ourselves.

Der Ordenszweck der Genossenschaft ist die Ausübung demütiger und opferwilliger Nächstenliebe. Diese soll erleichtert werden durch wahre schwesterliche Liebe, die in der Liebe zu Jesus ihren Mittelpunkt hat.

Rundschreiben
vom Fest des heiligen Franziskus 1865

Wir sollen uns bestreben, bereitwillig und gern die niedrigsten Dienste zu übernehmen. Dann müssen wir bemüht sein, stets nur Gutes von den anderen zu denken und zu reden. Ihre Fehler sollen wir weder offenbaren noch darauf aufmerksam machen, es sei denn aus Liebe.

Den Schwestern zum Abschied geschrieben
vor der Reise nach Amerika im Juni 1863

Zwischen Festigkeit und Liebe soll man die rechte Mitte einzuhalten suchen.
Neigt man zur einen Seite mehr als zur anderen, dann wäre es besser — oder in den meisten Fällen besser — eher nach der Milde als nach der Strenge hinzuneigen.

Ansprache an die Vorgesetzten
vom Pfingstdienstag, 18. Mai 1869

Wir müssen der menschlichen Schwäche etwas Rechnung tragen. Wir sollen auf den Herrn schauen und uns fragen, ob unsere Gesinnungen den seinigen ähnlich sind, vor allem in der Milde gegen andere und in der Strenge gegen uns selbst.

Necessary reprimands can be condoned, but only if they are issued without agitation, in a friendly way, and at the right time.
To a Superior, 1874

If love is completely pure and spiritual, then it must necessarily be stronger than that love which comes from flesh and blood.
Account "On the Origin of the Sisters of
the Poor of St. Francis"

Even if the Lord has released the last bond to the temporal family here on earth, the spiritual relationship becomes all the closer. Now, in death, your sister will be no less a member of our Congregation than at the time when she walked together with us here on earth.
To Father Reiffert at the death of his sister,
Sister Michaela, February 1, 1857

But above all, do not forget your family. Remember your father who loves you with a love which you and I do not know.
Remember your brother and your sisters for the Lord did not show his grace to you alone, but also to us by calling you particularly to his service.
To her Priest Brother Karl, in Bonn,
February 17, 1839

Nötige Zurechtweisungen sind zu billigen, aber ohne Aufregung, in freundlicher Weise und zur rechten Zeit.

An eine Vorgesetzte, 1874

Wenn die Liebe ganz rein und geistig ist, muß sie notwendig stärker sein als jene, die aus Fleisch und Blut hervorgeht.

Bericht „Über den Ursprung der Armen-Schwestern vom heiligen Franziskus"

Wenn auch der Herr das letzte Band der leiblichen Verwandtschaft hier auf Erden gelöst hat, so wird das geistige Verhältnis um so inniger. Jetzt im Tode wird Ihre Schwester unserer Genossenschaft nicht weniger angehören als zur Zeit, da sie gemeinsam mit uns hier auf Erden wanderte.

An Herrn Pater Reiffert zum Tode seiner Schwester Michaela vom 1. Februar 1857

Vor allem aber, vergiß nicht deine Familie. Gedenke deines Vaters, der dich mit einer Liebe liebt, die du und ich nicht kennen.
Gedenke deines Bruders und deiner Schwestern; denn nicht allein dir erzeigte der Herr eine Gnade, sondern auch uns, indem Er dich ganz besonders zu seinem Dienst berufen hat.

An ihren Priesterbruder Karl in Bonn vom 17. Februar 1839

Frances Schervier's spirituality seeks and finds simple ways and feeling for what one could call the need of the moment.

Erich Kock,
Writer and Editor, Cologne

Franziska Scherviers Spiritualität sucht und findet einfache Weisen der Einfühlung in das, was man Gebot des Augenblicks nennen könnte.

Erich Kock
Schriftsteller und Redakteur, Köln

BEATA
FRANCISCA
SCHERVIER

Conscious of one's own weakness and shortcomings, each one of us should bear the others' burden and all of us should bear each individual's burden in order to fulfill the law of Jesus Christ.

The Statutes of the Sisters of the Poor
of St. Francis, Chapter IX, art. 53, 1850

I hope and trust that you will make full use of everything that the Lord ordains and makes happen for our benefit. This will occur if you strive more and more to live in the spirit of the faith.

Then you should work with your whole heart towards mutual sisterly love.

To the Sisters in Mainz, 1869

Im Bewußtsein der eigenen Schwäche und Mangelhaftigkeit soll eine jede die Last der anderen und sollen alle die Last einer jeden tragen, um so das Gesetz Jesu Christi zu erfüllen.

Satzungen der Armen-Schwestern vom heiligen Franziskus
IX. Kapitel, § 53; 1850

Ich hoffe und vertraue, daß Ihr aus allem, was der Herr zu unserem Besten fügt und geschehen läßt, vollen Nutzen ziehen werdet.
Dieses wird geschehen, wenn Ihr mehr und mehr danach strebt, aus dem Geist des Glaubens zu leben. Auch sollt Ihr Euch aus ganzem Herzen um gegenseitige schwesterliche Liebe bemühen.

An die Schwestern in Mainz, 1869

Vigilance and Readiness

> We are to shine forth with a
> burning lamp in hand and fight.

We must go out hunting and to war which cannot be done without scratches and dusty feet. However, we must not yield in the face of danger, but must stand fast to fulfill our obligations.

To Sister Alphonsa Burchard in Cincinnati,
October 9, 1863

Many temptations will creep up on us. We must resist them immediately, just as we would hurry to shake a spark from our clothes.
The resistance must be decisive and persistent until the end and always correspond to the power of the temptation.

Instruction on Purity

Life here on earth is in truth a continual struggle from within and without. But there is some good about it; otherwise, one could become sluggish. With God's support victory will be assured.

To Sister Alphonsa Burchard in Cincinnati,
April 3, 1871

Wachsamkeit und Bereitschaft

> Wir sollen mit brennender Lampe in der Hand in gleicher Weise leuchten und kämpfen.

Wir müssen auf die Jagd und in den Krieg gehen, das geht nicht ohne Streifwunden und staubige Füße ab. Aber in den Gefahren dürfen wir nicht erliegen, sondern müssen uns bewähren und treu unseren Verpflichtungen nachkommen.
An Schwester Alphonsa Burchard in Cincinnati
vom 9. Oktober 1863

Manche Versuchungen beschleichen uns. Wir müssen ihnen sofortigen Widerstand leisten, so wie wir uns beeilen würden, einen Feuerfunken von unserem Gewand abzuwerfen.
Der Widerstand muß entschieden und ausdauernd bis zum Ende sein und immer der Gewalt der Versuchung entsprechen.
Unterricht über die Reinheit

Das Leben hier auf Erden ist in Wahrheit ein beständiger Kampf von Innen und von Außen. Es hat aber sein Gutes, sonst könnte man noch träge werden. Mit dem Beistand Gottes wird uns der erkämpfte Sieg sicher sein.
An Schwester Alphonsa Burchard in Cincinnati
vom 3. April 1871

We live in the Church militant and there is no time for rest. Here again, it is a question of shining forth with a burning lamp in hand and fighting.

To Sister Alphonsa Burchard in Cincinnati,
November 28, 1871

Let us make sure the lamp of our soul is filled with good burning oil and that the talents given us are used.

To Sister Hortulana Mentzen in Covington,
November 16, 1876

Do not let yourselves be discouraged through difficult battles. The battle leads to victory.

To Sister Ursula Hackenberg,
undated letter

What would be the use of losing the inner spirit, or even harming the soul through secular work.

To Sister Felicitas Dorst in Cincinnati,
1862

Every good gift does indeed come from the Lord, but this gift can only be received by a prepared, receptive, and co-operative soul.

To Sister Augustin Keussen in Cincinnati,
the Second Week of Lent, 1860

Wir leben in der streitenden Kirche, und da gibt es keine Zeit zum Ausruhen. Hier heißt es, mit brennender Lampe in der Hand in gleicher Weise leuchten und kämpfen.

An Schwester Alphonsa Burchard in Cincinnati
vom 28. November 1871

Sorgen wir dafür, daß die Ampel unserer Seele mit gutem brennbarem Öl gefüllt ist und daß die uns verliehenen Talente benutzt werden.

An Schwester Hortulana Mentzen in Covington
vom 16. November 1876

Laßt euch durch schwere Kämpfe nicht entmutigen. Der Kampf führt zum Sieg.

Schwester Ursula Hackenberg
Brief undatiert

Was könnte es nutzen, wenn wir über dem äußeren Wirken den inneren Geist verlören oder sogar der Seele Schaden zufügten.

An Schwester Felicitas Dorst in Cincinnati
1862

Jede gute Gabe kommt zwar vom Herrn, aber diese Gabe kann nur von einer empfänglichen und selbst mitwirkenden, bereiten Seele in Empfang genommen werden.

An Schwester Augustin Keußen in Cincinnati
In der 2. Fastenwoche 1860

May the noise and splendor of the world have no effect on you, for the world fades like a shadow. Do not be dazzled by its creations because they deceive. The old snake will certainly hiss around you, but simply shut your ears, resist with courage, and it will slither away.

From the "Testament" of Blessed
Frances Schervier

The more I think about it, the more decisively I have to say: let us not be led astray, neither through the desire to do good, nor through temporal fears regardless of what kind and however justified they may seem. Let us, rather, concentrate on the important thing, namely, the proper inner attitude and conviction. God will help us in everything else in the same measure as we have trust in him.

To Sister Vincentia Maubach in Cincinnati,
March 10, 1873

You know that weeds are rampant everywhere, even in the best wheat; and usually the weeds grow even more rampant than the wheat.

Address to Superiors on Pentecost
Tuesday, May 18, 1869

Möge der Lärm und Glanz der Welt euch nichts anhaben, denn die Welt schwindet dahin wie der Schatten. Laßt euch nicht blenden durch ihre Gebilde, denn sie täuschen. Die alte Schlange wird zwar zischen um euch her, allein, schließt nur das Ohr, widersteht mit Mut, und sie wird hinwegfliehen.

Aus dem Vermächtnis
der seligen Franziska Schervier

Je mehr ich darüber nachdenke, um so entschiedener glaube ich sagen zu müssen: Lassen wir uns nicht verführen, verleiten durch das Verlangen, Gutes zu tun, noch durch zeitliche Befürchtungen, welcher Art und wie begründet sie auch immer sein mögen. Sehen wir vielmehr auf die Hauptsache, nämlich die rechte innere Haltung und Gesinnung. Gott wird uns in allem anderen zu Hilfe kommen, und zwar in dem Maß, als unser Vertrauen zu ihm groß ist.

An Schwester Vincentia Maubach in Cincinnati
vom 10. März 1873

Das wißt ihr ja, daß das Unkraut überall wuchert, auch im besten Weizen, und gewöhnlich wuchert das Unkraut noch stärker als der Weizen.

Ansprache an die Vorgesetzten
vom Pfingstdienstag, 18. Mai 1869

The view of the glory and happiness of the saints, who were people like us, should encourage us to fight valiantly and bravely as they did in order to be able to share later their eternal joy in heaven.

It is impossible to live without struggle, hardship, and privation on earth. But that should not deter us. On the contrary, it should stimulate us even more to follow the example of the saints, Our Lord himself.

To Sister Desideria Wolff in New York,
on All Saints' Day, 1875

I know your eagerness to serve your neighbor and your strong preference for activity.

I praise the former and understand the advantages of this activity, if it conforms to the spirit of the Order and is subordinate to it.

But, dear Sister, there is something much higher, something that one cannot compare with the first thing, through which everything else in religious life, though it be good in itself, becomes sanctified and pleasing to God. I mean, in fact, the attitude of humble obedience.

To Sister Augustin Keussen in Cincinnati,
Octave of the Feast of our holy Father,
St. Francis, 1859

Der Hinblick auf die Glorie und Glückseligkeit der Heiligen, die Menschen waren wie wir, soll uns aneifern, wie sie herzhaft und tapfer zu kämpfen, um später an ihrer ewigen Freude im Himmel teilnehmen zu können.
Ohne Kampf und Beschwerde und Entbehrung geht's hier auf Erden nicht. Das soll uns aber nicht abschrecken, sondern im Gegenteil aneifern, um so dem Vorbild der Heiligen, nämlich unserem Herrn, nachzufolgen.

An Schwester Desideria Wolff in New York
Allerheiligen 1875

Ich kenne deinen Eifer, dem Nächsten zu dienen und deine vorherrschende Neigung zur Tätigkeit.
Ich lobe ersteren und verstehe auch die Vorteile dieser Tätigkeit, wenn sie sich dem Ordensgeist entsprechend anzupassen und unterzuordenen wissen. Aber, teure Schwester, es gibt etwas weit Höheres, etwas, was mit dem Ersteren nicht in Vergleich zu stellen ist, wodurch im heiligen Ordensstand alles andere, wenn es an und für sich noch so gut ist, erst geheiligt und Gott wohlgefällig wird: Ich meine nämlich die Gesinnung des demütigen Gehorsams.

An Schwester Augustin Keußen in Cincinnati
Oktav des Festes unseres heiligen Vaters
Franziskus, 1859

Frances Schervier demanded freedom and independence for social charitable activity. This demand, however, first had to be fought for; and as a result, she made a definite contribution to the establishment of church social welfare work.

Erwin Gatz,
D. Theol., Rector of Campo Santo Teutonico, Rome

Franziska Schervier forderte Freiheit und Unabhängigkeit auch für die sozialkaritative Tätigkeit. Dieser Anspruch aber mußte erst erkämpft werden, und sie hat durch ihre Konsequenz einen entscheidenden Beitrag zum Aufbau der kirchlichen Sozialarbeit geleistet.

Erwin Gatz
Dr. theol., Rektor des Campo Santo Teutonico, Rom

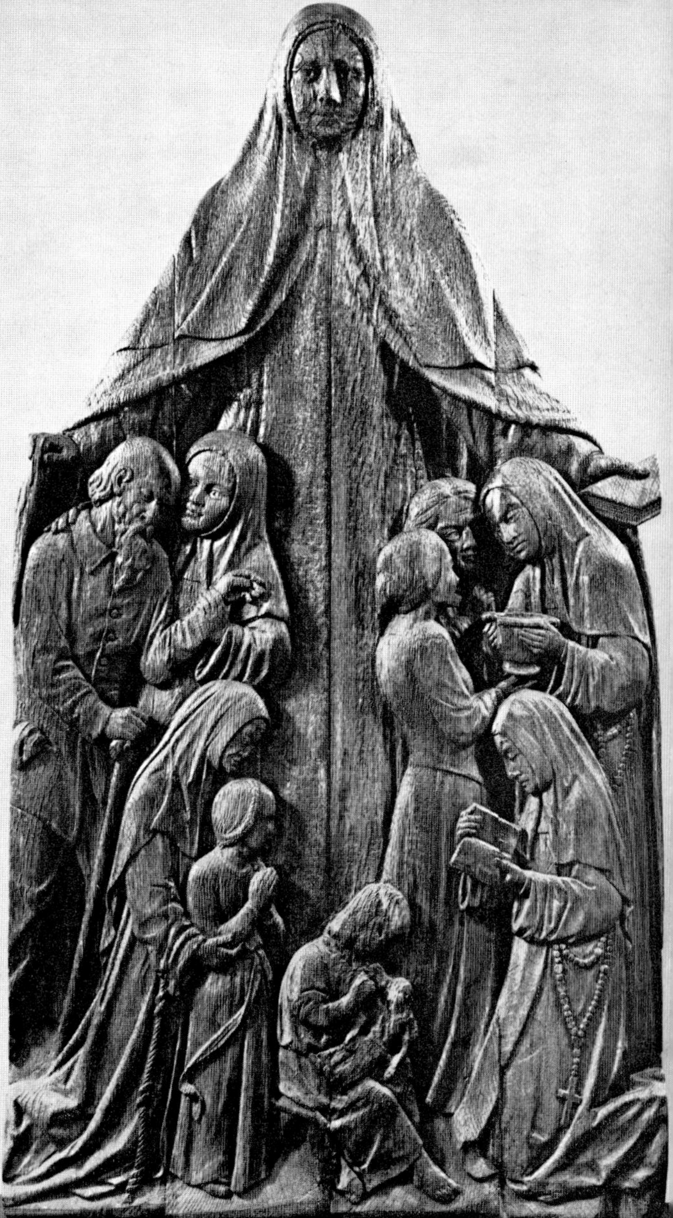

Relationship to Work

> Of what use is all your work for your neighbor if it lacks love.*

Work belongs to life. If we want to maintain our life, then we must work and we may also enjoy our work. However, God does not reward the amount of our work, but rather the faithfulness which is carried out in it. For faithfulness knows no distinction in the kind of work.

Instruction on, "The Hidden Life of Jesus," 1860

Every work must be considered holy and be performed conscientiously and promptly.

Instruction on Work

The Sisters might well consider that the most insignificant work, if done with good intentions, can be much more valuable than another piece of work that perhaps seems to be very great and distinguished in the eyes of other people.
In addition, the reward for work is measured according to the intention with which it is performed.

Instruction on Work

---

* From a letter to Sister Augustin Keussen in Cincinnati, October 13, 1859

Verhältnis zur Arbeit

> Was können alle Arbeiten für den Nächsten nutzen, wenn ihnen die Liebe fehlt*.

Die Arbeit gehört zum Leben. Wollen wir unser Leben erhalten, müssen wir arbeiten und dürfen uns unserer Arbeit freuen. Gott lohnt jedoch nicht das Maß unserer Arbeit, sondern die mit ihr verrichtete Treue, denn die Treue kennt keinen Unterschied in der Art der Arbeit.

Unterricht über „Das verborgene Leben Jesu"
1860

Jede Arbeit muß man heilighalten und sie sorgfältig und pünktlich verrichten.

Unterricht über die Arbeit

Die Schwestern mögen wohl bedenken, daß die unscheinbarste Arbeit, wenn sie in guter Meinung verrichtet wird, eine andere Arbeit, die in den Augen der Menschen vielleicht sehr groß und als ausgezeichnet erscheint, an Wert weit übertreffen kann. Auch der Lohn für die Arbeit wird nach der Absicht bemessen, mit der sie verrichtet wird.

Unterricht über die Arbeit

---

* Aus einem Brief an Schwester Augustin Keußen in Cincinnati vom 13. Oktober 1859

Excessive preoccupation with secular activity causes too much distraction. Therefore, work should not be given priority over prayer.
Instruction on Work

So that work may be put to spiritual and secular uses, the time given it must be used faithfully, and the talent received from God must be used correctly.
Instruction on Work

You must not become over burdened with work so that you lose the spirit of recollection, for then your work would be fruitless, not only for yourself but also for your neighbor.
To Sister Bonaventura Schiffers in Bonn,
October 7, 1851

Wherever there are still full sheaves to bind up, the workers naturally belong there too. It is important to complete a good day's work and to remain calm on the front.
Let us do with self-sacrificing but sensible love what we recognize as God's intended work for us.
To Sister Raphaela Bitter in the Military Hospital
at Gottorf Castle in Schleswig,
June 12, 1864

Übermäßige zeitliche Beschäftigung und Tätigkeit verursacht viele Zerstreuung, daher sollte der Arbeit zum Nachteil des Gebetes nicht der Vorzug gegeben werden.
Unterricht über die Arbeit

Damit die Arbeit zum geistlichen und zeitlichen Nutzen gereiche, muß die Zeit derselben treu benutzt und das von Gott empfangene Talent recht gebraucht werden.
Unterricht über die Arbeit

Ihr dürft auch nicht mit Arbeit überladen werden, so daß ihr darüber den Geist der Sammlung verliert, dann wäre euer Wirken sowohl für euch selbst wie auch für euren Nächsten fruchtlos.
An Schwester Bonaventura Schiffers in Bonn
vom 7. Oktober 1851

Wo es noch volle Garben zu binden gibt, dahin gehören natürlich auch die Arbeiter, und es ist wichtig, ein gutes Tagewerk zu vollenden und ruhig auf der Warte stehen zu bleiben.
Tun wir in opferwilliger, aber vernünftiger Liebe, was wir als die von Gott uns zugewiesene Arbeit erkennen.
An Schwester Raphaela Bitter im Lazarett
Schloß Gottorf/Schleswig vom 12. Juni 1864

On the Value of Time

> Everything really depends upon how well you use your lifetime.*

Our lifetime here on earth is like sowing seed. The more carefully we sow here, the better and richer the harvest will be.

To Sister Servula Stummel in Cincinnati,
August 9, 1876

How I do thank the Lord for the precious time of this life! How often I want to begin anew to be faithful to him with my whole heart. Yet, my own weakness, impoverishment and great inner misery pull me back again and again to everyday life. But I must not lose heart.

The Father Provincial, Gregorius Janknecht, O. F. M.,
in Warendorf, 1861

Remember that the time of hard work and suffering is short, whereas the happiness prepared for you will last forever.

From the "Testament" of Blessed
Frances Schervier

* From a letter to a Sister, undated

Vom Wert der Zeit

> Es hängt alles von der guten
> Benutzung der Lebenszeit ab*.

Unsere Lebenszeit hier auf Erden ist zu vergleichen mit dem Tag der Aussaat: Je mehr und je sorgfältiger wir hier säen, um so reicher und besser wird die Ernte sein.
An Schwester Servula Stummel in Cincinnati
vom 9. August 1876

Wie danke ich dem Herrn für die kostbare Zeit dieses Lebens! Wie oft will ich anfangen, ihm aus ganzem Herzen treu zu sein. Doch die eigene Schwäche und Armseligkeit und das große innere Elend ziehen mich immer wieder in das Alltagsleben zurück. Aber dennoch darf man den Mut nicht verlieren.
An Herrn Pater Provinzial Gregorius Janknecht
in Warendorf, 1861

Bedenkt, daß die Zeit der Arbeit und Leiden kurz ist, daß im Gegenteil das Glück aber ewig dauert, das für euch bereitet ist.
Aus dem Vermächtnis
der seligen Franziska Schervier

*Brief an eine Schwester, undatiert

We poor creatures must undergo many experiences in this life. By taking advantage of them and learning from them, we will find our peace.

To Sister Germana Lantz in Cincinnati,
February 17, 1875

We ought to use the time given to us in this life enthusiastically because life is short and eternity is long.

To Sister Alphonsa Burchard in Cincinnati,
October 9, 1863

I knew that God had offered me so many opportunities to be good. But how poor, miserable, and foolish I felt I was because I had misused the grace freely given to me through my perversity and my vain, pleasure-seeking nature. If the Lord had come now to ask for my life,* I would have stood there with an empty lamp. But, loving me, he gave me more time and new life. His mercy extended my precious time on earth, the only time in which it is possible to collect the oil to keep the lamp burning. Oh, that I had used this precious time better.

Account "On the Origin of the Sisters of the Poor of St. Francis"

The older one gets, the more accurate one's views on the importance of time and the value of life with regard to eternity become.

To a Priest in America,
April 19, 1866

*She was seriously ill at this time and seemed close to death.

Der arme Mensch muß so viele Erfahrungen machen in diesem Leben. Benutzen wir sie und lernen aus ihnen, so wird darin unser Friede liegen.
An Schwester Germana Lantz, in Cincinnati
vom 17. Februar 1875

Mit allem Eifer sollen wir die uns geschenkte Zeit auf Erden benutzen, denn das Leben ist kurz und die Ewigkeit lang.
An Schwester Alphonsa Burchard in Cincinnati
vom 9. Oktober 1863

Ich wußte, daß Gott mir so viele Gelegenheiten zum Gutsein geboten hatte. Aber wie arm, elend und töricht kam ich mir vor, weil ich durch meine Verkehrtheit und mein eitles, sinnliches Wesen die mir geschenkten Gnaden mißbraucht hatte. Wenn der Herr jetzt gekommen wäre, um mein Leben zu fordern*, hätte ich mit leerer Lampe dagestanden. Aber aus Liebe gab er mir neue Frist und neues Leben. Seine Barmherzigkeit verlängerte mir die kostbare Zeit des Erdenlebens, in der allein es möglich ist, das Öl zum Leuchten der Lampe zu sammeln. Oh, daß ich diese kostbare Zeit besser benutzt hätte.
Bericht „Über den Ursprung der Armen-Schwestern
vom heiligen Franziskus"

Je älter man wird, um so richtigere Ansichten erlangt man von der Wichtigkeit der Zeit und dem Wert des Lebens in bezug auf die Ewigkeit.
An einen Priester in Amerika
vom 19. April 1866

*Zu dieser Zeit war sie schwer erkrankt und schien dem Tode nahe.

Realities of Life

It is example that is all persuasive.

We must have principles and stand by them, but we should remain calm and patient when defending them.

To Maria Grünewald in Aachen,
April 27, 1876

In order to assess the value of something, I must first come to know and understand it, and only then do I learn to appreciate and love it.

Instruction on Religious Life

Let us not be scandalized, nor judge! It is not enough, not to create scandal, but we should not — as far as possible — be scandalized either.
Above all, let us not judge! The Lord will not really judge us according to the behavior of others, but according to our own behavior.

Circular Letter on the Feast of
St. Francis, 1865

It is unwise to rebuke in a state of strong emotion. In doing so, we harm ourselves and do not benefit others.

Address to Superiors on Pentecost
Tuesday, May 18, 1869

Realitäten des Lebens

Was mit fortreißt, ist das Beispiel.

Wir müssen Grundsätze haben und an diesen festhalten, aber beim Vertreten des Grundsatzes sollen wir ruhig und geduldig bleiben.

An Maria Grünewald in Aachen
vom 27. April 1876

Ich muß erst eine Sache recht kennen- und verstehen lernen, um ihren Wert zu erfassen; dann erst lerne ich sie schätzen und lieben.

Unterricht über den Ordensstand

Nehmen wir kein Ärgernis und urteilen wir nicht! Es ist nicht genug, kein Ärgernis zu geben, wir sollen auch — soweit es möglich ist — keines nehmen. Vor allem aber — urteilen wir nicht! Der Herr wird uns ja nicht nach dem Betragen anderer richten, sondern nach unserem eigenen Wandel.

Rundschreiben
zum Fest des heiligen Franziskus, 1865

Es ist unklug, aus Leidenschaft zurechtzuweisen, dadurch schaden wir uns selbst und bringen dem anderen keinen Nutzen.

Ansprache an die Vorgesetzten
am Pfingstdienstag, 18. Mai 1869

If you are excited, you should be quiet until you have completely regained your calm. In doing so, many mistakes will be avoided.
Written to the Sisters on leaving for America
in June, 1863

Anyone who has a heated and quick temperament must try to moderate it.
Anyone who is lax and sluggish by nature should strive to be more decisive and energetic.
Anyone who has a natural inclination to melancholy should try to be cheerful and friendly.
Anyone who tends to be extroverted and frivolous should try to be serious and thorough.
Instruction on Easter Monday, 1866

Words alone can accomplish nothing. It is example that is all persuasive.
Address to Superiors on Pentecost
Tuesday, May 18, 1869

The living proclaimed Word is far more preferable than dead letters.
To Archbishop Paulus Melchers in Cologne,
January 12, 1871

Wenn man aufgeregt ist, sollte man schweigen, bis man die Ruhe wieder vollständig erlangt hat. Dadurch werden viele Fehler vermieden.
Den Schwestern zum Abschied geschrieben vor
der Reise nach Amerika im Juni 1863

Wer ein hitziges und rasches Temperament hat, muß versuchen, es zu mäßigen.
Wer von Natur aus schlaff und träge ist, soll danach streben, entschiedener und tatkräftiger zu werden.
Wer eine natürliche Neigung zum Trübsinn hat, soll versuchen, heiter und freundlich zu sein.
Wer zur Ausgelassenheit und Leichtfertigkeit hinneigt, muß sich um Ernst und Gediegenheit bemühen.
Unterricht am Ostermontag 1866

Worte allein vermögen nichts; was mit fortreißt, ist das Beispiel.
Ansprache an die Vorgesetzten
am Pfingstdienstag, 18. Mai 1869

Das lebendig verkündete Wort ist dem toten Buchstaben bei weitem vorzuziehen.
An Erzbischof Paulus Melchers in Köln
vom 12. Januar 1871

Our life is continually changing. There are days when one's heart is so empty and dry, when striving to reach a distant goal becomes very difficult.

But we also experience moments when we seem to be raised by grace above earthly things. Moments in which, as Thomas a Kempis already observed, we walk with the Lord and talk as friends.

To her Priest Brother Karl, in Bonn,
February 17, 1839

This is the image of life: in a short time we too will go the way of all earthly things and die. Gradually, so much has fallen around us that we stand there like a leafless tree.

Communicated by Father Ignatius Jeiler, O. F. M.,
her first biographer

Daily we take time to give our body what it needs. Therefore, our care of that which is of the Spirit must be all the greater because the Spirit greatly surpasses the body.

To Maria Jacobsohn-Wildt in Wallhorn,
May 18, 1857

Unser Leben ist ein fortwährender Wechsel: Es kommen Tage, wo das Herz so leer und dürre ist, wo ein ruhiges Streben, das vorgesteckte Ziel zu erreichen, sehr schwer wird.
Wir erleben aber auch Augenblicke, wo wir von der Gnade gleichsam über das Irdische emporgehoben zu sein scheinen. Augenblicke, wo wir, wie Thomas von Kempen schon bemerkt, mit dem Herrn wandeln und mit dem Freund uns besprechen.

An ihren Priesterbruder Karl in Bonn
vom 17. Februar 1839

Das ist das Bild unseres Lebens: **Noch kurze Zeit und auch wir werden den Weg alles Irdischen betreten und sterben.**
Es ist um uns herum allmählich schon so viel abgefallen, daß wir dastehen wie ein entblätterter Baum.

Überliefert durch Pater Ignatius Jeiler, OFM
ihrem ersten Biographen

Täglich nehmen wir uns die Zeit, dem Leib das zu gestatten, was ihm gebührt. Um wieviel größer muß **unsere Sorgfalt für das sein, was des Geistes ist,** weil nämlich der Geist den Leib bei weitem übertrifft.

An Maria Jacobsohn-Wildt in Wallhorn
vom 18. Mai 1857

The Right to Internal und External Freedom

> In the first instance we are religious women and, only in the second instance, nurses.

As the religious Congregation of the Sisters of the Poor of St. Francis, dedicated to the service of caring for the sick and the poor, the Sisters may not and should not act contrary to the Christian character of their charity. Precisely, this Christian character obliges us to observe particularly the teaching of the Gospel: Do not let your left hand know what your right hand is doing when you engage in good works. Therefore, it is not possible for us to publish periodically either the donations and works of charity or the names of the persons we assist.

To the Royal Office and the Police Director,
Franz Karl Hasslacher in Aachen,
November 29, 1853

Daily experience teaches us that all public and private works of charity together are not capable of meeting the ever-growing needs of the poor.

However, the religious Congregation of the Sisters of the Poor of St. Francis can in no way see itself

Anspruch
auf innere und äußere Freiheit

> An erster Stelle sind wir Ordensleute
> und dann erst Krankenpflegerinnen.

Als kirchliche Genossenschaft der Armen-Schwestern vom heiligen Franziskus, zur Ausübung der Armen- und Krankenpflege bestimmt, dürfen und sollen die Schwestern den christlichen Charakter ihrer Wohltätigkeit nicht verleugnen. Gerade dieser christliche Charakter verpflichtet sie zur besonderen Beobachtung der Vorschrift des Evangeliums, bei ihrem Gutsein die linke Hand nicht wissen zu lassen, was die rechte tut. Darum ist es für uns nicht möglich, weder die Gaben und Werke der Wohltätigkeit, noch die Namen der Personen, die wir unterstützen, periodischen Veröffentlichungen zu unterwerfen.

An den Königlichen Landrat und Polizei-Direktor
Franz Karl Haßlacher, Aachen
vom 29. November 1853

Die tägliche Erfahrung lehrt, daß alle öffentlichen und privaten Kräfte der Wohltätigkeit zusammen nicht imstande sind, der stets wachsenden Not zu steuern.

Nun kann aber die geistliche Genossenschaft der Armen-Schwestern vom heiligen Franziskus sich un-

with regard to its effectiveness as a branch, a department, or an appendage of the Poor Commission.

To the Royal Office and the Police Director,
Franz Karl Hasslacher in Aachen,
January 14, 1854

Religious women have not left father and mother, brother and sister, renounced the right to their own family life and to property and goods which they had or could have had, in order to turn themselves into servants of a secular authority.

Our Congregation is well recognized by both the Church and by the State for its public works of charity. But our Sisters dedicate themselves to this difficult as well as noble vocation solely out of love for God and love for Christ's poor. Because of their voluntary dedication to the needy, they have to demand the respectful trust of their benefactors and of public authority since, in fact, the whole blessing of their effectiveness depends upon it.

I am sorry that the secular authority does not give us this trust; in fact, it seeks to make the already difficult work of the Sisters even more difficult with unnecessary formalities.

To Dean Hennes, Director of the Poor
Commission in Jülich,
February 9, 1854

In the report on the use of house collections which the city Poor Commission demanded of us, I could

möglich in bezug auf ihre Wirksamkeit als einen Zweig oder eine Abteilung oder ein Anhängsel der Armen-Verwaltung ansehen.

An den Königlichen Landrat und Polizei-
Direktor Franz Karl Haßlacher in Aachen
vom 14. Januar 1854

Die Ordensfrauen haben nicht Vater und Mutter, Bruder und Schwester verlassen, auf eigenes Familienleben, auf Hab und Gut, das sie besaßen oder besitzen konnten, verzichtet, um sich zu dienstbaren Mägden einer weltlichen Behörde zu machen.
Unsere Genossenschaft ist von der Kirche und vom Staat zur öffentlichen Ausübung der Wohltätigkeit anerkannt. Aber diesem schwierigen wie auch hohen Beruf widmen sich unsere Schwestern nur aus Liebe zu Gott und aus Liebe zu den armen Brüdern Christi. Wegen ihrer freiwilligen Hingebung an die Bedürftigen müssen sie das ehrende Vertrauen der sie Unterstützenden und der Behörde fordern, weil nämlich daran der ganze Segen ihrer Wirksamkeit hängt.
Es tut mir leid, daß die weltliche Behörde uns dieses Vertrauen nicht entgegenbringt, da sie das ohnehin mühevolle Wirken der Schwestern mit ungehörigen Förmlichkeiten erschweren will.

An Dechant Hennes, Präses der Armen-Verwaltung
in Jülich vom 9. Februar 1854

In einer von uns geforderten Rechenschaft über die Verwendung des Ertrages der Hauskollekte an die

see nothing other than the subjection of our ecclesiastical Congregation to the state Poor Commission as well as a confusion of our purely Christian exercise of compassion with purely civic and public charity. I think that I detect in it that despotism that one calls bureaucracy, so I have fought against it resolutely as well as I was able and I am determined to go on doing so with God's help.

To Johannes Cardinal von Geissel in Cologne,
May 27, 1854

Because of our good principles and extensive experiences, we fear being taken over by public hospitals dependent upon the State where through the despotism of bureaucracy the whole arrogance of medicine tends to hold sway, and many kinds of obstacles are put in the way of the Christian care of the sick as practiced by religious women, and, in fact, in the way of religious life as a whole.

To Dr. J. B. Nogall in Vienna,
January 30, 1857

Unfortunately, I cannot agree to the prison in Cologne being taken over by the Board of Directors. The plan makes conditions which are unacceptable to this religious Congregation, if the latter is not to

Städtische Armen-Verwaltung, konnte ich nichts anderes erkennen als eine Unterwerfung der kirchlichen Genossenschaft unter die staatliche Armen-Verwaltung, wie auch eine Vermischung unserer rein christlichen Übung der Barmherzigkeit mit der rein bürgerlichen öffentlichen Wohltätigkeit. Ich glaube, darin jene Willkür zu erkennen, die man Bürokratie nennt. Deshalb habe ich mich entschieden widersetzt, so gut ich es vermochte, wozu ich auch ferner mit Gottes Hilfe entschlossen bin.

An Johannes Kardinal von Geißel in Köln
vom 27. Mai 1854

Nach guten Grundsätzen und reichlichen Erfahrungen scheuen wir die Übernahme öffentlicher, vom Staate abhängiger Hospitäler, wo mit dem Despotismus der Bürokratie die ganze Arroganz der Medizin zu walten pflegt und der christlichen Krankenpflege, wie Ordensfrauen sie üben sollen, geschweige denn der klösterlichen Lebensweise, vielfältige Hindernisse gesetzt werden.

An Herrn Dr. J. B. Nogall in Wien
vom 30. Januar 1857

Mit dem Entwurf zur Übernahme des Aufsichtsrates in der Strafanstalt zu Köln kann ich mich leider nicht einverstanden erklären.

Derselbe enthält Bedinungen, die von einer religiösen Genossenschaft nicht angenommen werden kön-

lose all self-respect and is not prepared to give up such a blessed and joyful work.

To the District President, Otto Karl von Bernuth
in Cologne, January 18, 1869

In the first instance we are religious women and, only in the second instance, nurses. If the State wants to interfere in the internal affairs of our religious life, then we shall give up nursing and leave the country.*

To the Minister of Education, Adalbert Falk,
on the occasion of a visit to the Motherhouse,
July 21, 1875

We shall have no choice other than to shake the dust from our feet and leave the country. In the end it is immaterial where one goes: we can find God everywhere and pursue our work everywhere.
With regard to our work, one must be prepared for it to be reduced if necessary. But the religious life must remain intact. Where that is impossible, we must serve God somewhere else. We are, in fact, to be like pilgrims and strangers on this earth.

To a Superior, February 22, 1876

---

* She was considering transferring the Congregation to America if necessary because the laws of the Kulturkampf sharply turned against religious orders.

nen, wenn diese die Achtung vor sich selbst nicht verlieren und auf ein segensreiches und freudiges Wirken nicht verzichten will.

An den Regierungspräsidenten Otto Karl von Bernuth
in Köln vom 18. Januar 1869

An erster Stelle sind wir Ordensleute und dann erst Krankenpflegerinnen. Und wenn der Staat in das Innere des Ordenslebens eindringen will, dann legen wir die Krankenpflege beiseite und gehen von dannen*.

An Kultusminister Adalbert Falk anläßlich einer Besichtigung
des Mutterhauses am 21. Juli 1875

Es wird uns nichts anderes übrigbleiben, als den Staub von den Füßen zu schütteln und von dannen zu gehen. Am Ende bleibt es sich auch ganz gleich, wohin man geht. Überall findet man Gott, überall auch Berufstätigkeit.
Was die Arbeit betrifft, so muß man, wenn es verlangt wird, sie beschneiden lassen, aber das Ordensleben muß intakt bleiben. Wo das nicht möglich ist, da müssen wir Gott anderswo dienen. Wir sollen ja sein wie Pilger und Fremdlinge auf Erden.

An eine Vorgesetzte
vom 22. Februar 1876

*Sie dachte daran, im Notfall die Kongregation nach Amerika zu verpflanzen, da die Gesetze des Kulturkampfes sich scharf gegen die Orden wandten.

Chronology

January 3, 1819
Birth of Frances Schervier

Pentecost, 1845
Foundation of Congregation

October 4, 1845
Beginning of Community Life at St. James' Gate in Aachen

February 2, 1851
Foundation of Recluses

July 2, 1851
Ecclesiastical confirmation of Congregation by Archbishop Cardinal von Geissel, Cologne

August 6, 1852
Purchase of Motherhouse, Kleinmarschierstrasse, Aachen

September 16, 1853
State recognition of Congregation by Friedrich Wilhelm IV

September 8, 1858
First Foundation in Cincinnati, Ohio, U.S.A.

June 16, 1863
First trip of Mother Frances to America

April 14, 1868
Second trip of Mother Frances to America

December 14, 1876
Death of Mother Frances

Zeittafel

1819, 3. Januar
Geburtstag Franziska Scherviers

1845, Pfingsten
Gründung der Kongregation

1845, 4. Oktober
Beginn des Gemeinschaftslebens vor Jakobstor in Aachen

1851, 2. Februar
Gründung der Reklusen

1851, 2. Juli
Kirchliche Bestätigung der Kongregation durch Erzbischof Kardinal von Geißel, Köln

1852, 6. August
Erwerb des Mutterhauses, Aachen, Kleinmarschierstraße

1853, 16. September
Staatliche Anerkennung der Kongregation durch Friedrich Wilhelm IV.

1858, 8. September
Erste Gründung in Cincinnati/Ohio, Amerika

1863, 16. Juni
Erste Reise der Mutter Franziska nach Amerika

1868, 14. April
Zweite Reise der Mutter Franziska nach Amerika

1876, 14. Dezember
Sterbetag der Mutter Franziska

July 23, 1880
Transfer of bones from East Cemetery, Aachen, to Motherhouse, Kleinmarschierstrasse

September 14, 1896
Transfer of bones to Lindenplatz, Aachen

October 12, 1901
Decree of confirmation of Congregation's Papal Rights

September 24, 1912
Opening of Beatification Process

March 31, 1939
Transfer of bones back to Motherhouse, Aachen, Kleinmarschierstrasse

April 13, 1959
Independence of American Establishments

April 28, 1974
Beatification of Mother Frances Schervier
in St. Peter's Basilica by Pope Paul VI

1880, 23. Juli
Übertragung der Gebeine vom Ostfriedhof, Aachen, zum Mutterhaus, Kleinmarschierstraße

1896, 14. September
Übertragung der Gebeine zum Lindenplatz, Aachen

1901, 12. Oktober
Dekret über die Bestätigung der Kongregation Päpstlichen Rechts

1912, 24. September
Eröffnung des Seligsprechungsprozesses

1939, 31. März
Übertragung der Gebeine zurück zum Mutterhaus, Aachen, Kleinmarschierstraße

1959, 13. April
Verselbständigung der amerikanischen Niederlassungen

1974, 28. April
Seligsprechung der Mutter Franziska Schervier im Petersdom durch Papst Paul VI.

Sources*

Hand-written letters, notes, and instructions, as well as the manuscript, Bericht "Über den Ursprung der Armen-Schwestern vom heiligen Franziskus" (Account "On the Origin of the Sisters of the Poor of St. Francis"), from the Archives of the Motherhouse der Armen-Schwestern vom heiligen Franziskus, Aachen, West Germany.

Hand-written letters from the Archives of the Franciscan Sisters of the Poor in Cincinnati, Ohio, and Warwick, New York, U.S.A.

Correspondence with church and public authorities from the Archives of the Diocese of Aachen, Aachen, West Germany.

Jeiler, Ignatius, O.F.M., **Die gottselige Mutter Franziska Schervier.** Freiburg, Herder Verlag, 1893.

---

* All sources used were German originals or copies of the originals, with the exception of the biography by Father Ignatius Jeiler, O.F.M.

Benutzte Quellen

Handgeschriebene Briefe, Notizen und Unterrichte sowie der handschriftliche „Bericht über den Ursprung der Armen-Schwestern vom heiligen Franziskus" aus dem Archiv des Mutterhauses der Armen-Schwestern vom heiligen Franziskus, Aachen.

Handgeschriebene Briefe aus den Archiven der Franciscan Sisters of the Poor in Cincinnati/Ohio und Warwick/New York.

Korrespondenz mit kirchlichen und weltlichen Behörden aus dem Diözesan-Archiv, Aachen.

Jeiler, P. Ignatius OFM, Die gottselige Mutter Franziska Schervier, Herder-Verlag, Freiburg 1893.

Photograph Acknowledgements

p. 19
Authentic Photo, 1871
Entire Photograph: August Zellekens, Aachen
Detail: Ann Münchow, Aachen

p. 39
Glass Window by Maria Katzgrau, Aachen, 1957
Motherhouse, Aachen
Photo: Sister Anna Theresia Beckers, S.P.S.F.

p. 51
Stone Cross by Hermann Pier, Mulartshütte
East Cemetery, Aachen
Detail: Sr. Anna Theresia Beckers, S.P.S.F.

p. 63
Painting by Fr. Ortensio Gionfra, O.F.M.
Rome, 1974
Franciscan Sisters of the Poor, Brooklyn, N.Y.

p. 75
Bronze Sculpture by Hubert Löneke, Aachen, 1976
Parish Church of St. Paul, Aachen
Photo: Sister Anna Theresia Beckers, S.P.S.F.

p. 87
Bronze Door by Egino Weinert, Cologne, 1978
Parish Church of St. Paul, Aachen
Detail: Wilhelm Zeevaert, Aachen

p. 99
Marble Statue in Frascati,
Casa Sant' Antonio, 1959
Photo: Renzo Grossi, Frascati, Italy

p. 111
Wood Relief, artist unknown
Motherhouse, Aachen
Photo: Ann Münchow, Aachen

Bildnachweis

S. 19
Authentisches Foto, 1871
Gesamtaufnahme: August Zellekens, Aachen
Ausschnitt: Ann Münchow, Aachen

S. 39
Glasfenster von Maria Katzgrau, Aachen, 1957
Mutterhaus, Aachen
Foto: Schw. Anna Theresia Beckers v. hl. Frz.

S. 51
Steinkreuz von Hermann Pier, Mulartshütte
Ostfriedhof, Aachen
Ausschnitt: Schw. Anna Theresia Beckers v. hl. Frz.

S. 63
Gemälde von P. Ortensio Gionfra, OFM
Rom, 1974
Franciscan Sisters of the Poor, Brooklyn, New York

S. 75
Bronzeplastik von Hubert Löneke, Aachen, 1976
Pfarrkirche St. Paul, Aachen
Foto: Schw. Anna Theresia Beckers v. hl. Frz.

S. 87
Bronzetür von Egino Weinert, Köln, 1978
Pfarrkirche St. Paul, Aachen
Ausschnitt: Wilhelm Zeevaert, Aachen

S. 99
Marmorstatue in Frascati,
Casa Sant' Antonio, 1959
Foto: Renzo Grossi, Frascati/Italien

S. 111
Holzrelief, Künstler unbekannt
Mutterhaus, Aachen
Foto: Ann Münchow, Aachen

Information on Excerpts

Beckers, Anna Theresia, Sr., S.P.S.F.
"Das Charisma der seligen Franziska Schervier," in **Festschrift 25 Jahre VOD,*** Trier, Central-Druck, 1979, p. 121.

Dreissen, Josef,
Christliche Existenz. Leutesdorf, Johannes-Verlag, 1976, p. 17.

Gatz, Erwin.
Für Gott und die Welt. Leutesdorf, Johannes-Verlag, 1978 p. 31.

Glisky, Jeanne M., Sr., S.F.P.
From a conference, "The Crucified Life," 1977.

Hemmerle Klaus.
From a sermon on the occasion of the Feast of Charlemagne in the Aachen Cathedral, January 25, 1976.

Kock, Erich.
From a radio play, **Franziska Schervier — ein Leben für die Zukurzgekommenen.** Bavarian Radio, January 6, 1975.

Pope Paul VI.
From a sermon on the occasion of the Beatification of Frances Schervier in St. Peter's Basilica in Rome, April 28, 1974.

Stephany, Erich.
"Leitbild für die Gegenwart," in **Franziska von Aachen, Ein Leben nach dem Evangelium,** Stuttgart, Verlag Katholisches Bibelwerk, 1976, p. 21.

---

* Commemorative Publication in Honor of 25 Years of the Association of Major Superiors of German Women Religious.

Nachweis der Textstellen

Beckers, Schwester Anna Theresia v. hl. Frz.
„Festschrift 25 Jahre VOD", Central Druck, Trier, 1979 in:
Das Charisma der seligen Franziska Schervier; S. 121

Dreißen, Josef
„Christliche Existenz", Johannes-Verlag Leutesdorf, 1976;
S. 17

Gatz, Erwin
„Für Gott und die Welt", Johannes-Verlag Leutesdorf, 1978;
S. 31

Glisky, Schwester Jeanne M., SFP
Aus einem Vortrag „The Crucified Life"

Hemmerle, Klaus
Aus einer Predigt anläßlich des Karlsfestes im Aachener Dom
am 25. Januar 1976

Kock, Erich
Aus dem Hörspiel „Franziska Schervier — ein Leben für die
Zukurzgekommenen", Bayrischer Rundfunk, 6. Januar 1975

Papst Paul VI.
Aus einer Predigt anläßlich der Seligsprechung von Franziska
Schervier im Petersdom zu Rom am 28. April 1974

Stephany, Erich
„Franziska von Aachen, Ein Leben nach dem Evangelium",
Verlag Katholisches Bibelwerk, Stuttgart, 1976; in: Leitbild
für die Gegenwart; S. 21